ADRIÁN MAGALDI *(ed.)*

LA LEY PARA LA REFORMA POLÍTICA: REFLEXIONES DESDE LA DEMOCRACIA

EDICIONES UNIVERSIDAD DE NAVARRA, S.A.
PAMPLONA

Serie: Historia

Cupón para la Biblioteca Virtual

Accede a la versión eBook de este título por solo **1,99 €**. Con la compra de este libro puedes utilizar el siguiente cupón para la lectura en *streaming** desde la Biblioteca Virtual. **Sigue estas instrucciones** para visualizar tu libro:

1. Dirígete a la web de la Biblioteca Virtual en **https://ebooks.eunsa.es**.

2. En la web ve a **Iniciar sesión** e introduce tu email y contraseña. Si no estás registrado, deberás completar el proceso en **Registrarse**.

3. Tras registrarte, accede a la página del libro o lee el QR de esta página. Bajo el precio podrás **insertar el código oculto en el siguiente cupón** para activar la promoción.

Despegue para visualizar

Acceso directo al eBook

Canjéalo en ebooks.eunsa.es

*Con acceso a internet desde cualquier navegador.

© 2026. Adrián Magaldi *(ed.)*
Ediciones Universidad de Navarra, S.A. (EUNSA)
Campus Universitario • Universidad de Navarra • 31009 Pamplona • España
+34 948 25 68 50 • www.eunsa.es • eunsa@eunsa.es

ISBN 978-84-313-4040-7
DL NA 159-2026

Fotografía cubierta
Adolfo Suárez y Manuel Gutiérrez Mellado durante la aprobación de la Ley para la Reforma Política en el pleno de las Cortes del 18 de noviembre de 1976.

Imprime: Podiprint
Printed in Spain – Impreso en España

Índice

Prólogo

José Luis García Delgado

José Luis García Delgado
Catedrático de Economía. Universidad Nebrija

Tres motivos de agradecimiento debo exponer en estas líneas. Lo haré muy sucintamente.

Gracias, en primer lugar, a quienes han confiado en un texto que suma, y mucho, al conocimiento de una de las llaves maestras –si no la más importante de todas– del proceso que, en el curso de dos años vertiginosos, desembarcó en la Constitución de 1978. «Pieza clave»: no la única, desde luego, pero sí determinante de lo que acabó siendo la pacífica recuperación de las libertades por los españoles, la transición a la democracia. Si el arte de la política, en su mejor expresión, requiere combinación de «astucia, maniobra y negociación» (Ignatieff), la Ley para la Reforma Política consiguió la mezcla de esos ingredientes en grado óptimo. Esta obra así lo testimonia, contrarrestando de paso la poco fácilmente explicable relegación que tal episodio ha merecido hasta ahora, tanto en la historiografía como en la opinión pública. Se trata, pues, de un texto con alto valor añadido, por decirlo al modo de los economistas. Hace ya más de dos años tuve noticia del propósito de elaborarlo; recibo su publicación, consecuentemente, con aplauso. Aplauso agradecido.

Mi agradecimiento es también como rector que lo fui de la Universidad Internacional Menéndez Pelayo, como uno más de cuantos hemos encontrado en el Palacio de la Magdalena santanderino un inmejorable clima de libertad para la reflexión y el debate, de muy respetuoso pluralismo ideológico, de fructífera convivencia académica. El estimulante lugar de encuentro que la UIMP ha sido en sus mejores momentos, «isla de libertad» incluso cuando fuera de ella no la había (Dámaso Alonso). Tuve la suerte de poder acoger en el verano de 1997 el Seminario cuyo contenido queda fielmente registrado en estas páginas. La vuelvo a tener ahora por la oportunidad de ver su materialización editorial. Doble fortuna.

Obvia es la tercera razón por la que me siento obligado a dar las gracias. Tiene nombre propio, el autor del libro, Adrián Magaldi. Quienes lo conocemos y hemos manejado alguno de sus trabajos –el dedicado, por ejemplo, a Alfonso Osorio, uno de los protagonistas de lo que aquí se trata– sabemos de su buen oficio como historiador: bucea sin miedo en archivos y fondos documentales, es imaginativo en los planteamientos y riguroso en los desarrollos, y tiene el pulso narrativo que exige una exposición clara, ordenada y precisa: quien piensa bien escribe bien (Montaigne). Talento, trabajo y tenacidad, todo en altas dosis, ha puesto para culminar felizmente la obra que ahora tiene el lector a su disposición. Un logrado título con el que Adrián Magaldi confirma su más que promisoria trayectoria como investigador de primera fila.

Madrid, 6 de diciembre de 2025

Introducción

Adrián Magaldi Fernández

La aprobación de la Ley para la Reforma Política en el referéndum convocado por el gobierno de Adolfo Suárez a finales del año 1976 supuso, sin ninguna duda, uno de los grandes hitos del proceso de transición hacia la democracia iniciado por nuestro país tras la muerte del dictador Francisco Franco. Dicha ley representó la pieza clave que definió la forma en que se construyó nuestro sistema democrático, al convertirse en la base normativa que permitió avanzar desde el marco autoritario del franquismo hasta el marco de libertades de nuestra actual democracia. A pesar de su relevancia histórica, la Ley para la Reforma Política ha tendido a quedar relegada a un segundo plano en nuestra conciencia colectiva. Inicialmente pudiera resultar llamativo dicho «olvido», dado el carácter de mito fundacional con el que ha sido frecuente recordar la transición democrática desde un relato mediático que, además, ha incidido en la dimensión política del proceso. Pero lo cierto es que la Ley para la Reforma Política ha ocupado una posición secundaria o marginal en favor de otros hitos o acontecimientos legitimadores de mayor consenso y transversalidad entre las grandes fuerzas políticas. Ha sido la Constitución de 1978 la erigida como auténtico mito simbólico y referente clave de la transición democrática en detrimento de una reforma de escaso simbolismo conmemorativo para los sectores rupturistas procedentes de la lucha antifranquista. Esa relegación de la Ley para la Reforma Política en el imaginario colectivo ha coincidido con el lugar, un tanto secundario, que esta normativa también ha padecido a nivel historiográfico. La renovación vivida por la disciplina en las últimas décadas, unida al rechazo académico a ese relato de tono elitista sobre la Transición, llevó a que las investigaciones se orientasen a reflejar la mayor complejidad del proceso relegando −o descartando− un acercamiento *evenementieel* interesado por los grandes sujetos y sucesos. De este modo, los diferentes estudios han tendido a desplazar la dimensión puramente política para analizar los múltiples factores que intervinieron sobre el proceso democratizador, como los actores internacionales, los medios de comunicación o los diferentes agentes sociales, incluyendo a sindicatos, organizaciones estudiantiles, asociaciones vecinales, colectivos feministas, u otros. Además, el triunfo del Estado de las Autonomías conllevó la financiación de diferentes investigaciones sobre el período a escala regional, provincial e, incluso, local, mientras que los grandes hitos nacionales quedaban postergados. Solo en fechas recientes ha parecido consolidarse una nueva mirada interesada por las grandes figuras de la época y por las diferentes formaciones y partidos. Aun así, el análisis de la Ley para la Reforma Política ha permanecido al margen del foco de atención, desplazado a un mero procedimiento difuminado en las narrativas generales de la historia de la Transición. De este modo, tanto la relegación político-social como la relegación historiográfica han derivado en que la Ley para la Reforma Política no haya recibido la atención que merece, resultando, en general, poco conocida y valorada por la población.

Este año 2026 se cumple el 50 aniversario de la aprobación de la Ley para la Reforma Política. A la sombra de dicha conmemoración, este libro pretende realizar una nueva mirada sobre la his-

toria de dicha ley, aunando un acercamiento historiográfico con el
testimonio inédito de algunos de los protagonistas más destacados
de la época. Tras un inicial recorrido y análisis histórico por la
evolución del proyecto reformista y la tramitación de la reforma,
el eje principal de esta obra gira en torno al testimonio rescatado
que algunos de los protagonistas del período dejaron durante sus
intervenciones en el seminario «La Ley para la Reforma Política:
un paso decisivo de la transición hacia la democracia». Celebrado
el año 1997 en Santander, en el marco de la Universidad Internacional Menéndez Pelayo (UIMP) y bajo el patrocinio de la Fundación Caja Cantabria, aquel encuentro recogió, de manera extraordinaria y única, las voces autorizadas y plurales de algunos de los
más destacados protagonistas y observadores de la realidad histórica y política en la que se tramitó aquella ley. En dicho encuentro
se contó con la intervención de prestigiosas figuras procedentes
tanto del régimen franquista como de la oposición a la dictadura,
tanto de la clase política como de la sociedad civil, aportando todos ellos miradas, análisis y reflexiones que, todavía hoy, resultan
de indudable valor para una mejor comprensión de dicha época.
Esos testimonios han sido ahora rescatados y editados desde la
convicción de que representan una aportación de enorme interés
para un mejor conocimiento de nuestra historia reciente.

La posibilidad de esta obra debe agradecerse, en primer lugar
y de una forma destacada, a Ángel Romaña, director de Publica-
ciones y Relaciones Institucionales de la Fundación Caja Cantabria durante la celebración de aquel encuentro, quien durante casi
treinta años conservó la grabación de aquellas ponencias consciente de su valor histórico. Ahora recuperadas, resulta evidente que,
en aquellas intervenciones, se desprendieron una serie de análisis y
reflexiones que aportan nuevos detalles e información, constatán-
dose así la enorme valía de aquellos testimonios y el indudable legado que supuso su conservación. A él cabe agradecer que confiara

en mí para sacar a la luz estos testimonios. También de una manera destacada debe de agradecerse la colaboración del profesor José Luis García Delgado, en aquellos momentos rector de la UIMP y, por tanto, máximo responsable de la celebración de aquel encuentro. Desde el momento en que se le transmitió el interés por recuperar aquellas intervenciones y editarlas en una monografía, el profesor García Delgado respaldó el proyecto y ayudó a que este se convirtiera en una realidad. Indispensable es también mostrar mi agradecimiento a los diferentes ponentes que participaron en el seminario y que, pese al paso de los años, apoyaron y alentaron la publicación de sus intervenciones. En otros casos, fueron sus hijos o hijas quienes se interesaron por releer las palabras de sus progenitores y favorecer su publicación al ser plenamente conscientes de su valor. Finalmente, cabe dar las gracias a la profesora María Jesús González Hernández, al profesor Juan Sisinio Pérez Garzón y al profesor Pablo Pérez López por su interés y su ayuda a que este libro fuera publicado, agradeciendo igualmente a EUNSA su confianza en una obra que, esperemos, ayude a un mejor conocimiento del significado histórico de la Ley para la Reforma Política.

Texto de la Ley para la Reforma Política

Ley 1/1977, de 4 de enero, para la Reforma Política, recogida en el Boletín Oficial del Estado núm. 4, de 5 de enero de 1977, páginas 170 a 171.

Remitido a consulta de la Nación y ratificado por mayoría de votos en el referéndum celebrado el día quince de diciembre de mil novecientos setenta y seis el Proyecto de Ley para la Reforma Política, de rango Fundamental, que había sido aprobado por las Cortes en sesión plenaria del dieciocho de noviembre de mil novecientos setenta y seis,

DISPONGO:

Artículo primero

Uno. La democracia, en el Estado español, se basa en la supremacía de la Ley, expresión de la voluntad soberana del pueblo.

Los derechos fundamentales de la persona son inviolables y vinculan a todos los órganos del Estado.

Dos. La potestad de elaborar y aprobar las leyes reside en las Cortes. El Rey sanciona y promulga las leyes.

Artículo segundo

Uno. Las Cortes se componen del Congreso de los Diputados y del Senado.

Dos. Los Diputados del Congreso serán elegidos por sufragio universal, directo y secreto de los españoles mayores de edad.

Tres. Los Senadores serán elegidos en representación de las Entidades territoriales. El Rey podrá designar para cada legislatura Senadores en número no superior a la quinta parte del de los elegidos.

Cuatro. La duración del mandato de Diputados y Senadores será de cuatro años.

Cinco. El Congreso y el Senado establecerán sus propios Reglamentos y elegirán sus respectivos Presidentes.

Seis. El Presidente de las Cortes y del Consejo del Reino será nombrado por el Rey.

Artículo tercero

Uno. La iniciativa de reforma constitucional corresponderá:

a) Al Gobierno.

b) Al Congreso de los Diputados.

Dos. Cualquier reforma constitucional requerirá la aprobación por la mayoría absoluta de los miembros del Congreso y del Senado. El Senado deliberará sobre el texto previamente aprobado por el Congreso, y si éste no fuera aceptado en sus términos, las discrepancias se someterán a una Comisión Mixta, bajo la presidencia de quien ostentara la de las Cortes y de la que formarán parte los Presidentes del Congreso y del Senado, cuatro Diputados y cuatro Senadores, elegidos por las respectivas Cámaras. Si esta Comisión no llegara a un acuerdo o los términos del mismo no merecieran la aprobación de una y otra Cámara, la decisión se adoptará por mayoría absoluta de los componentes de las Cortes en reunión conjunta de ambas Cámaras. Tres. El Rey, antes de sancionar una Ley de Reforma Constitucional, deberá someter el Proyecto a referéndum de la Nación.

Artículo cuarto

En la tramitación de los Proyectos de Ley ordinaria, el Senado deliberará sobre el texto previamente aprobado por el Congreso. En caso de que éste no fuera aceptado en sus términos, las discrepancias se someterán a una Comisión Mixta, compuesta de la misma forma que se establece en el artículo anterior.

Si esta Comisión no llegara a un acuerdo o los términos del mismo no merecieran la aprobación, por mayoría simple, de una y otra Cámara, el Gobierno podrá pedir al Congreso de los Diputados que resuelva definitivamente por mayoría absoluta de sus miembros.

Artículo quinto

El Rey podrá someter directamente al pueblo una opción política de interés nacional, sea o no de carácter constitucional, para que decida mediante referéndum, cuyos resultados se impondrán a todos los órganos del Estado.

Si el objeto de la consulta se refiriera a materia de competencia de las Cortes y éstas no tomaran la decisión correspondiente de acuerdo con el resultado del referéndum, quedarán disueltas, procediéndose a la convocatoria de nuevas elecciones.

DISPOSICIONES TRANSITORIAS

Primera

El Gobierno regulará las primeras elecciones a Cortes para constituir un Congreso de 350 diputados y elegir 207 senadores a razón de cuatro por provincia y uno más por cada provincia insular, dos por Ceuta y dos por Melilla. Los Senadores serán elegidos por sufragio universal, directo y secreto, de los españoles mayores de edad que residan en el respectivo territorio.

Las elecciones al Congreso se inspirarán en criterios de representación proporcional, conforme a las siguientes bases:

Primera. Se aplicarán dispositivos correctores para evitar fragmentaciones inconvenientes de la Cámara, a cuyo efecto se fijarán porcentajes mínimos de sufragios para acceder al Congreso.

Segunda. La circunscripción electoral será la provincia, fijándose un número mínimo inicial de Diputados para cada una de ellas.

Las elecciones al Senado se inspirarán en criterios de escrutinio mayoritario.

Segunda

Una vez constituidas las nuevas Cortes:

Uno. Una Comisión compuesta por los Presidentes de las Cortes, del Congreso de los Diputados y del Senado, por cuatro diputados elegidos por el Congreso y por cuatro Senadores elegidos por el Senado, asumirá las funciones que el artículo 13 de la Ley de Cortes encomienda a la Comisión que en él se menciona.

Dos. Cada Cámara constituirá una Comisión que asuma las demás funciones encomendadas a la Comisión prevista en el artículo 12 de la Ley de Cortes.

Tres. Cada Cámara elegirá de entre sus miembros cinco Consejeros del Reino para cubrir las vacantes producidas por el cese de los actuales Consejeros electivos.

Tercera

Desde la constitución de las nuevas Cortes y hasta que cada Cámara establezca su propio Reglamento, se regirán por el de las actuales Cortes en lo que no esté en contradicción con la presente Ley, sin perjuicio de la facultad de acordar, de un modo inmediato, las modificaciones parciales que resulten necesarias o se estimen convenientes.

DISPOSICIÓN FINAL

La presente Ley tendrá rango de Ley Fundamental.

Dada en Madrid a cuatro de enero de mil novecientos setenta y siete.

JUAN CARLOS

El Presidente de las Cortes Españolas,

TORCUATO FERNÁNDEZ-MIRANDA Y HEVIA

La Ley para la Reforma Política. Un estudio histórico

Adrián Magaldi Fernández

La Transición democrática española se trata de un período clave de nuestra historia. Mientras Julio Aróstegui se refirió a ella como «la matriz de nuestro tiempo reciente», Santos Juliá la definió como nuestro *événement matriciel*[1]. Durante esos años, España evolucionó desde un régimen de dictadura personal en torno a la figura del general Francisco Franco hasta una democracia asimilable al resto de la Europa occidental, proceso que ha recibido numerosa atención desde los campos de la Historia, el Periodismo, la Sociología o las Ciencias Políticas[2]. Entre los diferentes aspectos de dicha etapa histórica, llama la atención los escasos acercamientos y análisis realizados en torno a un elemento fundamental del proceso: la Ley para la Reforma Política. Esta ley indispensable para el proceso de transición no ha recibido, paradójicamente, la

1. Aróstegui, Julio (2007): «La Transición a la democracia, "matriz" de nuestro tiempo reciente», en Quirosa-Cheyrouze, Rafael (coord.): *Historia de la Transición en España: los inicios del proceso democratizador*. Madrid, Biblioteca Nueva, pp. 31-43. Juliá, Santos (2014): «¡Todavía la Transición!», en *El País*, 20-VII-2014.

2. Pasamar, Gonzalo (2019): *La Transición española a la democracia ayer y hoy. Memoria cultural, historiografía y política*. Madrid, Marcial Pons.

atención historiográfica que merece. Pese a las referencias cons-
tantes a elementos como el consenso, el diálogo o el pacto, la Ley
para la Reforma Política –auténtica clave de bóveda del proceso
democratizador– ocupa un lugar menor en el imaginario colectivo
sobre la época. Sin embargo, esta ley supuso el soporte jurídico y
el puente procesal en el camino hacia la democracia durante la
Transición.

Entre las pocas voces que han incidido en su relevancia destacan, de forma significativa, sus propios artífices. Si las diversas
ponencias recogidas en esta obra son muestra evidente de ello,
sus autobiografías otorgan un lugar privilegiado al recuerdo de
esta ley. Así se evidencia en la literatura memorialística de algunas
de las figuras más prominentes del Gobierno responsable de su
tramitación. Su entonces ministro de Justicia, Landelino Lavilla,
definió esta ley como «el instrumento legal sobre el que habría
de fundamentarse la transformación política del sistema», convirtiéndose de esta forma en el «eslabón de legalidad formal entre el
sistema que concluía y el que habíamos de implantar»[3]. Su compañero de gobierno, el ministro de la Gobernación, Rodolfo Martín
Villa, la concibió como la ley que facilitó la reconciliación de «la
España oficial con la real», mientras que el ministro de Asuntos
Exteriores, Marcelino Oreja, la definió como la pieza jurídica que
permitió «pasar de un régimen autoritario a uno democrático desde el respeto a las leyes vigentes y sin que se produjeran traumas
que pudieran dificultar el salto»[4]. En todos ellos venía a mani-
festarse la idea que, de algún modo, resumió en sus memorias el

---

3. Lavilla, Landelino (2017): *Una historia para compartir. Al cambio por la
reforma (1976-1977)*. Barcelona, Galaxia Gutenberg, p. 206.
  4. Martín Villa, Rodolfo (1984): *Al servicio del Estado*. Barcelona, Planeta,
p. 53 y Oreja, Marcelino (2011): *Memoria y esperanza. Relatos de una vida*.
Madrid, La Esfera de los Libros, p. 159.

entonces subsecretario técnico de Presidencia del Gobierno, José Manuel Otero Novas. Este llegaría a considerar la aprobación de aquella ley como «el hito más trascendente de toda la transición, mucho más que la aprobación de la Constitución o que las primeras elecciones generales»[5]. En definitiva, para los diferentes políticos reformistas, la tramitación de aquella ley supuso el éxito de su proyecto democratizador, cuyo triunfo simbolizaría, según Torcuato Fernández-Miranda, la posibilidad de pasar de la ley de la Dictadura a la ley de la Democracia, a través de la ley votada por el pueblo.

Este estudio pretende realizar un recorrido por la historia y evolución de la propuesta reformista, desde su aparición como proyecto colectivo en el complejo mapa político del tardofranquismo, hasta su culminación en una Ley para la Reforma Política que abrió las puertas a las primeras elecciones democráticas después de cuarenta años de dictadura. Estas páginas tratarán de trazar un breve análisis histórico desde el cual acercarse a las diversas conferencias recogidas en esta obra, realizando un tránsito que sirva como marco de referencia en la historia de tan relevante ley.

1. La realidad española a la muerte de Franco

El 1 de abril de 1939, el general Franco celebró el triunfo de sus tropas después de tres años de larga guerra civil, la cual venía asolando al país desde el golpe de Estado que se había producido contra la legalidad republicana en julio de 1936. Con aquel triunfo de las fuerzas franquistas, quedó consolidada una dictadura personalista que se prolongaría durante varias décadas.

5. Otero Novas, José Manuel (2014): *Lo que yo viví*. Barcelona, Prensa Ibérica, p. 135.

En torno a la figura de Franco quedaron concentrados los principales poderes del nuevo régimen[6]. Durante toda la dictadura, Franco asumió las funciones de jefe del Estado. Hasta julio de 1969 no designó un sucesor a la Jefatura del Estado para el momento en que se produjera su muerte, siendo el elegido Juan Carlos de Borbón, nieto de Alfonso XIII. Franco también desempeñó, durante la mayor parte de su dictadura, las funciones de jefe de Gobierno, que solo en junio de 1973 accedió a abandonar para dejar el puesto a quien, hasta entonces, había sido su mano derecha, el almirante Luis Carrero Blanco. No obstante, tras su asesinato el 20 de diciembre de 1973, el cargo fue asumido por Carlos Arias Navarro, un político gris de probada fidelidad franquista. Junto a la jefatura del Estado y del Gobierno, Franco también fue «Generalísimo de todos los Ejércitos», radicando en su persona un poder militar de especial relevancia en una dictadura caudillista donde el ejército supuso uno de sus pilares vertebradores. Y, finalmente, Franco fue el jefe nacional del partido único, FET de las JONS (Falange Española Tradicionalista de las Juntas de Ofensiva Nacional Sindicalista), que acabaría por sustituir su nombre al más difuso de Movimiento Nacional[7]. Aquella variación nominativa buscó ocultar las iniciales veleidades fascistas y totalitarias del régimen, las cuales trataron de relegarse al mero simbolismo y ritualidad de una dictadura cuya longevidad la permitió adaptar sus discursos en función de las circunstancias, aunque siempre desde un armazón autoritario basado en el poder de Franco. Pese a ese personalismo del régimen, durante su dictadura

---

6. Tusell, Javier (1996): *La dictadura de Franco*. Madrid, Alianza Editorial. Moradiellos, Enrique (2000): *La España de Franco, 1939-1975. Política y Sociedad*. Madrid, Síntesis.
    7. Gil Pecharromán, Julio (2013): *El Movimiento Nacional (1937-1977)*. Barcelona, Planeta.

existió todo un edificio jurídico articulado en torno a un modelo de «constitución abierta» que recogió las bases de la legalidad franquista. Ese conjunto de siete Leyes Fundamentales fue aprobado sucesivamente a lo largo de toda la dictadura, siendo las siguientes: el Fuero del Trabajo (1938), la Ley Constitutiva de Cortes (1942), el Fuero de los Españoles (1945), la Ley de Referéndum Nacional (1945), la Ley de Sucesión en la Jefatura del Estado (1947), la Ley de Principios del Movimiento Nacional (1958) y la Ley Orgánica del Estado (1966)[8].

Ante un modelo de sucesión ordenada y un edificio jurídico que se creía perfectamente vertebrado, todo parecía «atado y bien atado» para el momento en que se produjera lo que eufemísticamente vino a denominarse como «el hecho biológico inevitable». Sin embargo, todos sabían que una vez que se produjera la muerte del dictador nada volvería a ser igual. Conscientes de esa realidad, amplios círculos de la política y la sociedad comenzaron a realizarse la pregunta: «después de Franco, ¿qué?». Ante dicho interrogante, en la dialéctica política de la época aparecieron diversas corrientes con opciones y proyectos diferentes que tienden a resumirse en tres grandes alternativas: el continuismo, el rupturismo y el reformismo.

En primer lugar, se encontraría el continuismo, también conocido como inmovilismo, aunque desde inicios de la década de los 70 comenzó a ser frecuente referirse a este sector con un término popularizado por la prensa, el *búnker*, concepto con el que reflejar su cerrazón hacia todo lo que pudiera suponer un cambio que modificara la naturaleza del régimen. El continuismo se trataba de un sector con amplia presencia en las instancias superiores del Estado y del Gobierno, así como entre los altos cargos de las Fuerzas

---

8. Fernández-Carvajal, Rodrigo (1969): *La Constitución Española*. Madrid, Editora Nacional.

Armadas[9]. Todos ellos se mostraban satisfechos con la realidad del régimen definida por la Ley Orgánica del Estado y con el nombramiento como sucesor de Juan Carlos de Borbón, una figura procedente de la familia real pero que había sido educado en España de acuerdo con los principios del propio régimen franquista. Los continuistas esperaban que, a la muerte de Franco, el país preservara el marco definido por el dictador como vía para mantener la estabilidad política impuesta tras la guerra y el crecimiento económico alcanzado durante los años del desarrollismo[10]. Dentro de ese deseo de alcanzar un «franquismo sin Franco», algunos autores consideran que, incluso, es posible percibir ciertos perfiles que, más que inmovilistas, podrían definirse como involucionistas. Se trataban de figuras críticas con los cambios introducidos en los años 60 –como la Ley de Prensa o la Ley de Libertad Religiosa–, partidarias de regresar al espíritu fundacional del 18 de julio y los ideales que guiaron esa «Cruzada» que para ellos representaba la Guerra Civil. Sus máximos exponentes fueron José Antonio Girón de Velasco, al frente de la Hermandad de Excombatientes, y Blas Piñar, desde las páginas de la revista *Fuerza Nueva*[11].

En segundo lugar, se encontraría el denominado rupturismo, alternativa propugnada por la oposición antifranquista. Los grupos que promovían esta opción aspiraban a poner fin a la legalidad franquista a través de la formación de un gobierno provisional que

9. Rodríguez Jiménez, José Luis (2008): «La división de la clase política en el tardofranquismo», en Navajas, Carlos e Iturriaga, Diego (coords.): *Crisis, dictaduras, democracia*. Logroño, Universidad de La Rioja, pp. 54-55.

10. García-San Miguel, Luis (1981): *Teoría de la Transición. Un análisis del modelo español 1973-1978*. Madrid, Editora Nacional, p. 45.

11. Rodríguez, José Luis (2013): «La extrema derecha en la transición política a la democracia (1973-1982)», en Quirosa-Cheyrouze, Rafael (ed.): *Los partidos en la Transición. Las organizaciones políticas en la construcción de la democracia española*. Madrid, Biblioteca Nueva, p. 145.

se encargara de gestionar la democratización del país y convocar elecciones a Cortes constituyentes. Estos sectores parecían confiar en una presión social que, mediante protestas pacíficas, desgastara al poder franquista y lograse atraer a sus planteamientos a los diferentes poderes en que se había apoyado la dictadura, como la Iglesia o el Ejército[12]. Era la opción en que confiaban los diferentes partidos políticos que actuaban desde la clandestinidad. La situación de ilegalidad de esa lucha antifranquista había provocado su división en numerosos y, en muchos casos, minúsculos partidos que configuraban lo que entonces vino a denominarse como la «sopa de letras» conformada por las siglas de las diferentes formaciones. Sin embargo, frente a los pequeños partidos de signo democristiano, liberal y socialdemócrata, existían dos grupos con una presencia más definida: los comunistas —aglutinados en torno al Partido Comunista de España (PCE)— y los socialistas —principalmente representados por el Partido Socialista Popular (PSP) y, en especial, por el Partido Socialista Obrero Español (PSOE) de Felipe González—[13]. Pese a su fragmentación, en las postrimerías del régimen surgieron dos grandes organismos unitarios: la Junta Democrática y la Plataforma de Convergencia Democrática. La Junta Democrática se creó en 1974 en torno al PCE, con la colaboración de otros grupos como el PSP y diversas personalidades próximas a círculos monárquicos, como Rafael Calvo Serer y Antonio García Trevijano. Por su parte, grupos no dispuestos a asumir lo que consideraban una excesiva primacía del PCE crearon, en 1975, la Plataforma de Convergencia Democrática, donde destacó el PSOE de

---

12. Soto, Álvaro (1998): *La transición a la democracia. España 1975-1982.* Madrid, Alianza, p. 32.

13. Redero, Manuel (2017): «El papel de la izquierda en el tardofranquismo y la primera etapa de la transición política», en Redero, Manuel (ed.): *Adolfo Suárez y la Transición política.* Salamanca, Ediciones Universidad de Salamanca, pp. 70-72.

Felipe González junto a grupos revolucionarios, socialdemócratas y algunos democristianos. Pese a los recelos con que ambos grupos se contemplaron en un principio, pasado el tiempo buscaron fórmulas de entendimiento que tan solo cristalizaron ya muerto Franco, cuando en marzo de 1976 se fusionaron en torno a Coordinación Democrática, más conocida como la Platajunta[14].

En tercer y último lugar, estaría la opción reformista, propugnada por aquellas figuras contrarias tanto a las posiciones inmovilistas como al rupturismo promovido por la oposición. Los reformistas apostaban por «un proceso democratizador impulsado desde las instituciones y respetando el ordenamiento constitucional vigente y sus propios mecanismos de reforma» para alcanzar, una vez llegase al trono Juan Carlos de Borbón, un sistema homologable al existente en el resto de países de la Europa occidental[15]. Los defensores de esta alternativa eran mayoritariamente políticos jóvenes, que habían ocupado puestos de segundo nivel en el régimen y que consideraban que debía de profundizarse en las medidas liberalizadoras implementadas durante los últimos años. Todos estos reformistas opinaban que el desarrollismo de la década de los 60 había permitido alcanzar las condiciones socioeconómicas necesarias para establecer con garantías un sistema democrático, gracias al crecimiento económico, la mejora generalizada del nivel de vida y la formación de amplias clases medias[16]. Desde una visión histórica compartida, mantenían que fue la falta de esta serie de condiciones lo que hizo fracasar a la Segunda República, la cual

14. Muñoz, Gustavo (2008): «Una derrota dulce: el intento de la oposición antifranquista de lograr su unidad y la ruptura democrática», en *Gerónimo de Ustáriz*, nº 23-24, pp. 103-121.

15. Powell, Charles (1997): «Crisis del franquismo, reformismo y transición a la democracia», en Tusell, Javier, Montero, Feliciano y Marín, José María (eds.): *Las derechas en la España contemporánea*. Barcelona, Anthropos, p. 255.

16. *Ibídem*, p. 251.

calificaban de un intento democratizador prematuro que llevó a un golpe de Estado del 18 de julio que, en cierto modo, justificaban como «un mal necesario» para restablecer el orden[17]. El alineamiento con la España franquista quedaba así legitimado ante un conflicto inevitable en el que los dos bandos en disputa habrían compartido el mismo grado de responsabilidad. Sin embargo, a la altura de los nuevos tiempos, le correspondería a su generación el deber de transformar el régimen existente en una democracia liberal. Como apuntaría un personaje tan significativo como Miguel Primo de Rivera, los reformistas representaban «una generación que por imperativo de edad y por estar ya superados muchos de los traumas de la guerra, miraba hacia delante, no hacia atrás»[18]. Desde esa convicción, los sectores reformistas sostenían que solo una evolución pacífica y gradual permitiría preservar los avances logrados. Consideraban que el inmovilismo del búnker ponía en riesgo esa estabilidad, al incentivar una mayor movilización del rupturismo, lo que a su juicio supondría una amenaza para la paz social, como consideraban que había sucedido en Portugal tras la caída del *Estado Novo* durante la Revolución de los Claveles.

Aunque sin disponer de auténticos cauces para una organización efectiva, desde comienzos de la década de los 70 los reformistas comenzaron a difundir su alternativa a través de entrevistas a diferentes medios, la participación en tertulias y cenas políticas, o las conferencias pronunciadas desde la significativa tribuna en que se convirtió, durante esos años, el Club Siglo XXI[19]. Más allá de estas actuaciones, también comenzaron a gestarse proyectos colec-

---

17. Powell, Charles (2007): «El reformismo centrista y la transición: retos y respuestas», en *Historia y Política*, nº 18, pp. 55-57.

18. Primo de Rivera, Miguel (2002): *No a las dos Españas. Memorias políticas*. Barcelona, Plaza y Janés, p. 178.

19. Palomares, Cristina (2006): *Sobrevivir después de Franco. Evolución y triunfo del reformismo, 1964- 1977*. Madrid, Alianza.

tivos con una vocación política más nítida. Desde los sectores reformistas azules –denominados así por su procedencia de las filas del Movimiento–, un grupo de jóvenes, con cargos menores, hizo pública en 1973 la «Carta de los 39» que, dirigida a Franco, exigía «nuevos y más amplios cauces de participación política»[20]. Sus firmantes no tardaron en aglutinarse dentro de las Cortes alrededor del denominado Grupo Parlamentario Independiente, constituido en marzo de 1975 de forma extraoficial al no estar autorizadas las agrupaciones de procuradores[21]. Otra iniciativa relevante fue la creación del grupo Tácito, nacido ese mismo año de 1973. Tácito fue el pseudónimo de una firma colectiva nacida desde el seno de la Asociación Católica de Propagandistas que, a través de editoriales publicados semanalmente en el diario *Ya* y otros medios de la Editorial Católica, propugnaba una reforma democratizadora del país[22]. Su relevancia radicó en que, además de aglutinar a católicos colaboracionistas, también logró atraer a destacadas personalidades de la oposición democristiana, por lo que supuso el primer proyecto en que convergían personalidades de orígenes políticos diferentes[23]. Un último grupo de especial importancia fue el vertebrado en torno a GODSA (Gabinete de Orientación y Documentación S.A.), una empresa de asesoramiento encargada

---

20. Rodríguez Jiménez, José Luis (1995): «El reformismo azul en el tardofranquismo» en AA.VV.: *Historia de la transición y consolidación democrática en España, 1975-1986. Vol. I.* Madrid, UAM, p. 261.

21. Giménez, Miguel Ángel (2017): «Los reformistas del franquismo en las Cortes: el Grupo Parlamentario Independiente», en *Revista de estudios políticos*, nº 179, pp. 199-230.

22. Powell, Charles (1990): «The Tácito group and the transition to democracy, 1973-1977», en Lannon, Frances y Preston, Paul (eds.): *Elites and power in twentieth century Spain: essays in honour of sir Raymond Carr.* Oxford, Claredon Press, pp. 249-268.

23. Álvarez, José Luis (1997): «El Grupo Tácito», en *XX Siglos*, nº 32, pp. 94-102.

de realizar diversos estudios para posibilitar una salida reformista del régimen. Nacida con carácter independiente, pronto quedó bajo el control de su principal cliente, el exministro Manuel Fraga, quien tras el abandono de su cartera ministerial había conseguido convertirse en el principal referente de un reformismo que decía mirar hacia el centro político[24].

De esta forma, la apelación reformista fue convirtiéndose en una constante durante los últimos años del régimen. Sin embargo, más allá del propio deseo de cambio, existían serias dudas respecto a cuáles serían los cauces jurídicos que permitirían desmontar el andamiaje de la legalidad franquista sustentada en las Leyes Fundamentales. Ese dilema originó un debate teórico respecto a las posibles vías que la realidad del régimen ofrecía para alcanzar la reforma. Las principales aportaciones de ese debate suelen resumirse en torno a las reflexiones de tres figuras: Miguel Herrero y Rodríguez de Miñón, Jorge de Esteban y Rafael Arias-Salgado[25]. Miguel Herrero de Miñón publicó en 1972 el libro *El principio monárquico*, acompañado del significativo subtítulo «un estudio de la soberanía del rey en las Leyes Fundamentales»[26]. Según interpretaba el autor, la legalidad franquista podía ser revisada por dos cauces: el procedimiento legislativo –a través del Gobierno y las Cortes– con el preceptivo referéndum nacional o, directamente, la convocatoria por parte del monarca de un referéndum

---

24. Río, Miguel Ángel (del) (2013): *De la extrema derecha neofranquista a la derecha conservadora: los orígenes de Alianza Popular.* Tesis doctoral dirigida por Ferrán Gallego. Universidad Autónoma de Barcelona, pp. 55-63.

25. Soto, Álvaro (2007): «Continuidad, reformas y sobre todo improvisación», en Quirosa-Cheyrouze, Rafael (coord.): *Historia de la Transición en España: los inicios del proceso democratizador.* Madrid, Biblioteca Nueva, pp. 247-248.

26. Herrero de Miñón, Miguel (1972): *El principio monárquico.* Madrid, Editorial Cuadernos para el Diálogo.

prospectivo sobre la revisión de las Leyes Fundamentales, vía esta última por la cual se inclinaba. Herrero de Miñón reconocía al futuro monarca unos elevados poderes como encarnación del poder soberano del Estado, de los cuales el futuro rey debiera de hacer uso para actuar, al margen de obstáculos institucionales, como la palanca que garantizase la reforma y abriese la puerta a un «nacionalismo español ilustrado, liberal y democrático»[27]. Esta tesis fue respondida en 1973 en la obra colectiva dirigida por Jorge de Esteban bajo el título *Desarrollo político y Constitución española*[28]. Desde esta libro rechazaba la alternativa contemplada por Herrero de Miñón al desconfiar de la posibilidad de «llegar a una democratización a través de una interpretación absolutista de las Leyes Fundamentales», pues supondría «una peligrosa aventura» dotar de tales poderes a un monarca de quien, además, dudaba que heredase la legitimidad carismática que amplios sectores del régimen habían reconocido a Franco[29]. En su opinión, la reforma de las Leyes Fundamentales debía de partir de un proyecto compartido entre el rey y las Cortes, puesto que el ejercicio de la soberanía recaía tanto en el monarca –que la personificaría– como en las Cortes –que, desde la Ley Orgánica del Estado, la representarían–. Así, contemplaba una actuación legislativa de las Cortes y un poder arbitral del monarca durante un proceso que permitiría implementar una serie de reformas parciales y desarrollar «al máximo las potencialidades democratizadoras contenidas en las Leyes Fundamentales»[30]. En último lugar se encontraba la vía defendida por Rafael Arias-Salgado. Aunque no escribió nin-

---

27. *Ibídem*, p. 122.
28. De Esteban, Jorge (1973): *Desarrollo político y Constitución española*. Barcelona, Ariel.
29. *Ibídem*, pp. 30-32.
30. *Ibídem*, p. 531.

guna monografía respecto a la citada problemática, dibujó una tercera alternativa a través de dos artículos, publicados en las revistas *Cuadernos para el Diálogo* y *Sistema*[31]. En su caso, cuestionaba la visión planteada por Jorge de Esteban, al no considerar posible que las Cortes franquistas pudieran impulsar la evolución del régimen dada su propia naturaleza. En su lugar, Arias-Salgado planteaba que el liderazgo de la reforma sería compartido entre el monarca y un nuevo gobierno liberalizador que impulsara la democratización de las Cortes y regulase una nueva ley electoral que facilitara el pluralismo político[32]. En definitiva, los diferentes proyectos planteados contemplaban las oportunidades y problemas de la actuación de los tres agentes –Corona, Cortes y Gobierno– que, llegada la reforma, ejercerían un papel clave.

De este modo, durante los últimos años de la dictadura, el ámbito reformista se encontraba organizando sus opciones futuras y reflexionando sobre la vía jurídica que hiciera factible esa senda de cambios hacia la democracia. La viabilidad de las tesis reformistas tendría ocasión de ponerse de manifiesto cuando, el 20 de noviembre de 1975, se produjo la muerte de Franco. Con ello, se abría un nuevo período en la historia de España.

2. La reforma Arias-Fraga en el primer gobierno de la monarquía

El 22 de noviembre de 1975, Juan Carlos de Borbón fue proclamado rey con el nombre de Juan Carlos I. Aunque ese día hubo

---

31. Arias-Salgado, Rafael (1969): «Los poderes del Rey en las Leyes Fundamentales», en *Cuadernos para el Diálogo*, nº 69, pp. 11-15. Arias-Salgado, Rafael (1974): «Polémica sobre la interpretación de las Leyes Fundamentales: dimensión política y dimensión jurídico-técnica», en *Sistema*, nº 5, pp. 93-101.
32. *Ídem.*

de jurar las leyes y principios fundamentales del Movimiento, lo cierto es que con su llegada al trono se iniciaba un proceso de reforma por el cual ese marco normativo iba a quedar superado para dar paso a un sistema liberal democrático asimilable a los existentes en la Europa occidental.

Una de las primeras medidas promovidas por el monarca fue nombrar a su viejo profesor y mentor, Torcuato Fernández-Miranda, como presidente de las Cortes y el Consejo del Reino. El rey era consciente de la importancia de contar con alguien de confianza al frente de ambos organismos. Mientras las Cortes eran la principal cámara política del régimen, el Consejo del Reino se trataba de un organismo con la función de asesorar al Jefe del Estado. Entre las facultades de esta institución destacaba la de proponer al monarca la terna con los posibles candidatos a cargos tan significativos como el de Presidente del Gobierno o el del propio Presidente de las Cortes[33]. Aprovechando que el 26 de noviembre finalizaba el mandato de Alejandro Rodríguez de Valcárcel en dicho puesto, el rey maniobró para que en la terna de posibles sustitutos figurase su maestro. Cuando la lista de candidatos fue elevada al monarca, los tres nombres sugeridos fueron los de Licinio de la Fuente, Emilio Lamo de Espinosa y Torcuato Fernández-Miranda, quien fue el elegido. Desde ese momento, este se dedicó a estudiar la forma de poner las instituciones al servicio del proyecto reformista. Entre sus medidas más destacadas figuró la aprobación, el 21 de abril de 1976, del denominado «procedimiento de urgencia», un instrumento normativo que, por mera decisión

---

33. Fraile, Manuel María (1974): «Las Cortes Españolas», en Fraga, Manuel, Velarde, Juan y Campo, Salustino (eds.): *La España de los 70: El Estado y la política*. Madrid, Moneda y Crédito, pp. 1097-1164. Martínez, Manuel (1974): «El Consejo del Reino», en Fraga, Manuel, Velarde, Juan y Campo, Salustino (eds.): *La España de los 70: El Estado y la política*. Madrid, Moneda y Crédito, pp. 1241-1290.

del Presidente de las Cortes, permitía sortear el debate de ciertos proyectos legislativos en sus respectivas comisiones. Por entonces, esto fue visto como una herramienta de Fernández-Miranda para limitar las deliberaciones y debates de la cámara, siendo bautizado por Francisco Umbral como «el torcuatazo»[34]. Sin embargo, esta decisión acabaría permitiendo que los proyectos reformistas que intentase tramitar el Gobierno no pudieran ser bloqueados a su paso por la comisión de Leyes Fundamentales y Presidencia del Gobierno, presidida por Gregorio López Bravo y compuesta por 54 procuradores, muchos de los cuales se encontraban dispuestos a torpedear cualquier intento de reforma[35]. Con este trámite, trataba de anularse la posible influencia del búnker en la cámara, decisión que fue acompañada de otras medidas como la prórroga de las Cortes hasta junio de 1977 –para facilitar la tramitación de la reforma y evitar su renovación por los mecanismos corporativos vigentes– o el reconocimiento de los grupos parlamentarios –lo que permitiría un mayor control de la cámara al favorecer la agrupación de procuradores–[36].

---

34. Fernández-Miranda, Juan (2015): *El guionista de la Transición. Torcuato Fernández-Miranda, el profesor del rey*. Barcelona, Plaza y Janés.

35. El procedimiento de urgencia permitía que, por decisión del Presidente de las Cortes, una determinada ley sortease la comisión correspondiente, siendo abordada por una ponencia sobre cuya composición el propio presidente tendría facultades. En dicho momento, se abriría un plazo de 10 días para presentar enmiendas –que debían de contar con el apoyo mínimo de 10 procuradores– y, después, la ponencia elaboraría un informe sobre la ley teniendo en cuenta las diferentes observaciones. Finalmente, se convocaría un pleno en que el Gobierno se reservaba la facultad de decidir si sometía a votación el proyecto en su totalidad o aspectos parciales del mismo. El conjunto de los trámites debía de finalizar en un máximo de 25 días. Sánchez-Cuenca, Ignacio (2014): *Atado y mal atado. El suicidio institucional del franquismo y el surgimiento de la democracia*. Madrid, Alianza Editorial, pp. 119-120.

36. *Ídem*.

Si el nombramiento de Fernández-Miranda fue un cambio significativo, preocupante resultó que Carlos Arias Navarro fuera refrendado como presidente del Gobierno. El monarca pareció mostrarse temeroso de reemplazar de forma simultánea a los presidentes de las Cortes y del Gobierno, por lo que mantuvo al frente del ejecutivo a Carlos Arias. Sin embargo, le instó a incorporar a su gabinete a destacadas figuras reformistas, siendo los casos más destacados los nombramientos de Manuel Fraga (vicepresidente segundo y ministro de la Gobernación), José María de Areilza (ministro de Asuntos Exteriores) y Antonio Garrigues y Díaz-Cañabate (ministro de Justicia), aunque también destacaron jóvenes perfiles de segunda fila como Alfonso Osorio (Presidencia), Leopoldo Calvo-Sotelo (Comercio) o Rodolfo Martín Villa (Relaciones Sindicales)[37]. De esta forma, cuando el 13 de diciembre los nuevos ministros juraron su cargo, era evidente que pese a las desconfianzas que generaba la figura del presidente, entre gran parte de sus ministros existía un talante favorable a la reforma, siendo el más destacado de ellos Manuel Fraga. Este sería el encargado de capitanear el proceso reformista de un ejecutivo que no tardó en conocerse como el «gobierno Arias-Fraga», dada la especial importancia que tendría el vicepresidente. Cuando el

37. Los miembros de aquel primer gobierno de la monarquía fueron: Fernando de Santiago (vicepresidente primero para Asuntos de la Defensa), Manuel Fraga (vicepresidente segundo para Asuntos del Interior y ministro de Gobernación), Juan Miguel Villar Mir (vicepresidente tercero para Asuntos Económicos y ministro de Hacienda), Alfonso Osorio (Presidencia), José María de Areilza (Asuntos Exteriores), Antonio Garrigues (Justicia), Adolfo Suárez (Secretario General del Movimiento), Rodolfo Martín Villa (Relaciones Sindicales), Leopoldo Calvo-Sotelo (Comercio), José Solís (Trabajo), Carlos Pérez de Bricio (Industria), Virgilio Oñate (Agricultura), Adolfo Martín Gamero (Información y Turismo), Carlos Robles Piquer (Educación y Ciencia), Francisco Lozano (Vivienda), Antonio Valdés (Obras Públicas), Félix Álvarez Arenas (Ejército), Carlos Franco Iribarnegaray (Aire) y Gabriel Pita da Veiga (Marina).

15 de diciembre el nuevo gobierno realizó su declaración programática, sus líneas principales fueron, precisamente, trazadas por Fraga. Dicha declaración suponía una oferta explícita de reformas «para acomodar nuestras instituciones políticas, administrativas y sindicales al desarrollo económico, social, cultural y político de nuestro pueblo [...], procurando que el conjunto de nuestro ordenamiento jurídico-político tienda a una mayor homogeneidad con la comunidad occidental»[38]. No obstante, matizaba que todo se realizaría desde un proceso evolutivo que descartaba «la ruptura y las descalificaciones injustificadas por perturbadoras y estériles»[39]. La vía reformista proyectada por Fraga pretendía desarrollarse desde un estricto respeto a la legalidad franquista, a través de un programa gradual de reformas parciales en las principales leyes y normas del régimen. Como aseguraría el propio Fraga, su idea de cambio partía de una convicción: «solo se reforma aquello que quiere conservarse. Más íntimamente: solo se reforma aquello en lo que se cree»[40].

Durante aquel primer gobierno de la monarquía, Fraga aspiró a ser el capitán de ese proceso reformista, provocando que desde la prensa no tardaran en escribir acerca de lo que bautizaron como el «canofraguismo», forma de establecer un cierto paralelismo entre el papel de Fraga y el que había desempeñado Antonio Cánovas del Castillo durante la primera restauración de la monarquía, hacía ya un siglo[41]. El propio Fraga haría suya esa analogía y proclamaría en las Cortes: «Esperad de nosotros una obra como la de Cánovas, y no, con todos los respetos, como la del señor Caetano»,

---

38. Palacio Atard, Vicente (1989): *Juan Carlos I y el advenimiento de la democracia*. Madrid, Espasa, p. 72.

39. *Ídem*.

40. Molinero, Carme e Ysàs, Pere (2018): *La Transición. Historia y relatos*. Madrid, Siglo XXI, pp. 68-69

41. *ABC*, 6-VI-1976.

apelando al inicio de un proceso que pretendía reformar y perdurar[42]. El problema para Fraga y para el resto de reformistas de aquel ejecutivo radicó, sin embargo, en el talante de su presidente. El 19 de enero de 1976, Arias compareció ante el Consejo Nacional del Movimiento y pronunció un discurso en el que declaró «la decisión firme de ser fiel a mis orígenes» y no estar dispuesto a «ningún torpe afán de revisionismo ni suicidas propósitos de remover nuestro sistema institucional»[43]. Con un tono similar, cuando el 28 de enero compareció ante las Cortes, sus ambiguas referencias al cambio político quedaron diluidas en las explícitas menciones a su lealtad a Franco, llamando a «la tarea de actualizar nuestras leyes e instituciones como Franco hubiera deseado», pues «el ejemplo de su figura excepcional [...] y el legado de su obra gigantesca, constituyen una exigencia de comportamiento en la lealtad y un condicionante para cualquier planteamiento, con el que, quiérase o no, forzosa y venturosamente habrá que contar»[44]. Las limitadas intenciones de Arias quedaron en evidencia cuando este prefirió referirse a la construcción de una supuesta «democracia a la española» que mantuviera vivas ciertas esencias del modelo de democracia orgánica que había regido la dictadura franquista. Los conflictos que introducía su persona fueron patentes para sus propios ministros y, como aseguraba Martín Villa, si «la cabeza del presidente Arias comprendía la necesidad de la reforma, [...] probablemente a su corazón le costaba aceptarla»[45]. Para Osorio

42. *Informaciones*, 23-I-1976.

43. Arias, Carlos (1976): *El Movimiento y la participación política del pueblo español: discurso en el Pleno del Consejo Nacional del Movimiento celebrado en Madrid el 19 de enero de 1976*. España, Ediciones del Movimiento, pp. 6-7.

44. En: «El programa de Arias». Disponible en: Sánchez, Ángel José (1998): *La transición española en sus documentos*. Madrid, Centro de Estudios Políticos y Constitucionales, p. 206.

45. Martín Villa, Rodolfo (1984): *Al servicio del Estado...*, *op.cit.*, p. 20.

no dejaba de ser significativo que, durante todo aquel tiempo, Arias Navarro conservara en el despacho, «frente a él, un gigantesco caballete con un gran retrato de Franco, mientras colgaba a sus espaldas un pequeño retrato fotográfico del Rey»[46]. Con un tono más duro, Fernández-Miranda recordaba que, al hablar de la reforma, Arias «habla como si estuviera drogado. Salta de un tema a otro sin ideas claras, parece que no sabe lo que quiere, solo es tajante cuando dice no», pues, en el fondo, «soñaba con una democracia dulce y amaestrada, sin saber lo que quería, pues lo único que sabía es que quería otra cosa sin dejar de conservar lo que tenía»[47]. El talante y los problemas de conciencia de Arias iban a convertirse en uno los principales problemas que acabarían frustrando el modelo reformista que Fraga intentó llevar a cabo.

La propuesta de Fraga se proyectó desde una modificación del «entramado constitucional» del régimen a través de sus propias Leyes Fundamentales, que, oportunamente revisadas, pretendía mantener como el marco constitucional del nuevo sistema. Las principales leyes que preveía modificar eran la Ley de Cortes de 1942 y la Ley de Sucesión de 1947. Respecto al cambio que pretendía efectuar sobre las Cortes, Fraga planteaba un sistema bicameral con un Congreso de los Diputados —compuesto por «representantes de la familia» elegidos por sufragio universal, directo y secreto— y un Senado —que asumiría la representación orgánica—[48].

---

46. Osorio, Alfonso (1980): *Trayectoria política de un ministro de la Corona*. Barcelona, Planeta, p. 50.

47. Fernández-Miranda, Pilar y Fernández-Miranda, Alfonso (1995): *Lo que el rey me ha pedido. Torcuato Fernández Miranda y la reforma política*. Barcelona, Plaza y Janés, p. 158 y p. 173.

48. El Senado estaría compuesto por los representantes del Sindicato Vertical y de los ayuntamientos y diputaciones, así como 25 senadores designados por el rey y 40 miembros permanentes, forma de introducir en el nuevo sistema los famosos «40 de Ayete», nombre con el que se conocía a los consejeros

En lo relativo a la Ley de Sucesión, se pretendía adaptar su contenido a las nuevas circunstancias políticas, pues había sido redactada para regular el traspaso de poderes desde Franco a la figura
de un príncipe, por lo que era necesario estipular los mecanismos
de sucesión dentro de la propia institución monárquica[49]. Estas
reformas, al afectar a dos Leyes Fundamentales, serían llevados a
las Cortes para, una vez aprobadas, someterlas a referéndum. Junto a esta modificación, Fraga también planteó revisar otras leyes
ordinarias –como la Ley electoral y la Ley sindical– o diversos
artículos del Código Penal que permitieran reconocer los derechos
de reunión, manifestación y asociación. Este último era el tema
que más le preocupaba, al suponer el cauce que permitiría ampliar
la participación política y reconocer un pluralismo que incorpo-
rase a las fuerzas de la oposición, aunque puso como frontera los
grupos socialistas[50]. Hasta entonces, el asociacionismo político estaba regulado por el Estatuto de Asociaciones aprobado por Arias
en diciembre de 1974, el cual recogía unos estrechos márgenes
al obligar que todos los grupos políticos acataran los principios
fundamentales del Movimiento y que el propio Consejo Nacional fuera el que determinara, o no, su posible legalización[51]. La
propuesta de Fraga implicaría que el control sobre su legalización
dejara de estar en manos del Movimiento y pasara a depender del
Ministerio de la Gobernación.

nacionales de carácter vitalicio que, hasta entonces, habían sido directamente
designados por Franco. Río, Miguel Ángel (del) (2012): «Manuel Fraga y el
primer gobierno de la monarquía (1975-1976)», en Loff, Manuel y Molinero,
Carme (eds.): *Sociedades en cambio: España y Portugal en los años setenta*. UAB,
CD, p. 6.
    49. *Ídem*.
    50. *Ídem*.
    51. Soto, Álvaro (2005): *¿Atado y bien atado? Institucionalización y crisis del
franquismo*. Madrid, Biblioteca Nueva, pp. 188-189.

Teorizadas sus medidas y aceptadas en el seno del Gobierno, Fraga propuso crear una comisión real para estudiar aquellas reformas que afectaran al entramado constitucional del régimen. Sin embargo, dicha idea no salió adelante. En tanto que Secretario General del Movimiento, Adolfo Suárez convenció al presidente Arias para crear una Comisión Mixta formada paritariamente por miembros del Gobierno y del Consejo Nacional. Según alegaba, sería una forma de incorporar al Movimiento en todo el proceso y facilitar la tramitación de los diferentes proyectos[52]. Aquel organismo generó inmediatas suspicacias, y Fraga no dudó en considerarlo, pasado el tiempo, una maniobra de Suárez para torpedear su proyecto y convertirse en quien capitalizara los éxitos del cambio político[53]. No obstante, también se especuló sobre la influencia de Torcuato Fernández-Miranda, quien, con una creciente influencia sobre Suárez, habría tratado de alcanzar alguna fórmula que le permitiera participar de un modo más directo en el proceso.

Aceptada por Arias, la Comisión Mixta organizó su primer encuentro el 11 de febrero de 1976 y, desde entonces, se reunió de forma semanal todos los jueves hasta el 21 de abril, celebrando un total de once reuniones en las que sus integrantes examinaron las diversas leyes contempladas en la reforma proyectada por Fraga. Presidida por Arias Navarro y representados paritariamente el Gobierno y el Movimiento, su carácter colectivo no impidió que las intervenciones pronto fueran cuasi-monopolizadas por Torcuato Fernández-Miranda, Jesús Fueyo y Manuel Fraga, mientras el resto de los presentes parecía condenado al papel de meros espectado-

---

52. Tusell, Javier y García, Genoveva (2003): *Tiempo de incertidumbre. Carlos Arias Navarro entre el franquismo y la Transición (1973-1976)*. Barcelona, Crítica, p. 271.
53. Fraga, Manuel (1987): *En busca del tiempo servido*. Barcelona, Planeta, p. 25.

res[54]. Además, las discusiones no tardaron en derivar en un debate improductivo sobre meras cuestiones teórico-semánticas centradas en dilucidar si el entramado constitucional del franquismo era reformable. Desde los grupos contrarios a la reforma, Fueyo enarboló el artículo 1 de la Ley de Principios Fundamentales del Movimiento para esgrimir que estos eran «permanentes e inalterables por su propia naturaleza», por lo que las esencias doctrinales del régimen no serían modificables. Esa idea era rechazada por Fernández-Miranda, quien se apoyó en el artículo 10 de la Ley de Sucesión para asegurar que todas las Leyes Fundamentales podían derogarse o modificarse mediante acuerdo de las Cortes y posterior referéndum constitucional. Su tesis contó con el apoyo de Fraga y Areilza, mientras Arias lanzaba miradas críticas evidenciando su desconfianza hacia un auténtico cambio[55].

Incapaces de alcanzar un acuerdo al respecto, la discusión de los diferentes proyectos tampoco resultó mucho más productiva para aquella Comisión. Al plantearse el debate sobre las modificaciones a introducir en la Ley de Sucesión, la principal disputa giró sobre una cuestión que, para muchos, ya formaba parte del pasado, como era decidir si debía emplearse el término instauración o restauración[56]. No obstante, el gran asunto deliberado fue la revisión de la Ley de Cortes. En dichos debates, la Comisión acordó esta-

54. Los miembros de la Comisión Mixta fueron Carlos Arias Navarro, Adolfo Suárez, Torcuato Fernández-Miranda, Jesús Fueyo, José Antonio Girón de Velasco, Miguel Primo de Rivera, José Miguel Ortí Bordás, Enrique Sánchez de León, Gregorio López Bravo, José García Hernández, Fernando De Santiago, Manuel Fraga, Juan Miguel Villar Mir, José María de Areilza, Antonio Garrigues, José Solís, Rodolfo Martín Villa y Alfonso Osorio.
55. Palacio Atard, Vicente (1989): *Juan Carlos I y el advenimiento...*, *op.cit.*, p. 84.
56. En torno a esta problemática, Fueyo planteó analizar la posible inclusión de una referencia expresa a la legitimidad del 18 de julio sobre la que se levantaría la nueva monarquía, la cual fue rechazada por los sectores refor-

blecer un sistema bicameral con un Congreso de «sufragio libre» y un Senado de representación orgánica. Tras varias discusiones, se decidió que para el Congreso se elegiría por sufragio universal a trescientos representantes «de la familia» –expresión más tarde eliminada por insistencia del ministro Garrigues–, mientras que el Senado estaría compuesto por los miembros del Gobierno que no hubieran sido elegidos para el Congreso, además de 3 senadores por provincia, 50 senadores sindicales, 40 senadores permanentes, 30 senadores designados por el rey, y 30 senadores en representación de organismos y entidades del Estado[57]. De alguna forma, este modelo garantizaba ciertas formas de representación predemocráticas que atenuaban el alcance reformista y facilitaban su aceptación por parte de la antigua clase política. Según se lamentaba Areilza, todo el debate parecía centrarse en «calcular cómo impedir que la derecha pierda nunca el poder»[58]. A finales de abril, la Comisión Mixta concluyó su dictamen acerca de las reformas. Sistematizadas en un Anteproyecto de Ley de Reforma de la Ley Constitutiva de las Cortes y otras Leyes Fundamentales, el 7 de mayo fue aprobado por el Gobierno, pero, antes de ser debatido en las Cortes, fue remitido al Consejo Nacional del Movimiento. Al suponer la modificación de una Ley Fundamental, dicho organismo debía de elaborar un informe que, pese a su carácter no vinculante, tendría una enorme influencia en su posterior votación en Cortes, donde se requería una mayoría de dos tercios antes de ser sometida a referéndum[59].

mistas. Tusell, Javier y García, Genoveva (2003): *Tiempo de incertidumbre…*, *op.cit.*, p. 304.

57. Soto, Álvaro (2007): «Continuidad, reformas y sobre todo…», *op.cit.*, p. 246.

58. Areilza, José María (de) (1977): *Diario de un ministro de la monarquía*. Barcelona, Planeta, p. 151.

59. Ysàs, Pere (2013): «El Consejo Nacional del Movimiento en el franquismo tardío», en Ruiz, Miguel Ángel (coord.): *Falange, las culturas políticas*

Mientras el Consejo Nacional redactaba su dictamen, las Cortes fueron preparadas para iniciar la tramitación del resto de leyes contempladas en la reforma de Fraga. Fue entonces cuando algunos miembros del Gobierno, como Antonio Garrigues y Alfonso Osorio, comenzaron a mostrar sus dudas hacia un proceso de cambios graduales en el que, conocida la experiencia de la Comisión Mixta, se temía que la discusión de cada ley acabara por estancar la reforma. En la mente de ambos surgió la idea de abordar el cambio de una forma más directa. Garrigues escribió al presidente Arias para plantearle la posibilidad de celebrar un referéndum, antes del 15 de julio, en el que el pueblo español se pronunciara sobre unas bases constitucionales mínimas a las que después, a imitación del modelo constitucional estadounidense, se pudieran ir introduciendo enmiendas, idea que fue rechazada por Arias[60]. Frente a este proyecto, Osorio planteó una alternativa en la que esperaba contar con la aprobación del presidente, pues partiría del estricto respeto al marco constitucional del franquismo. Su idea consistía en redactar una breve ley de reforma, configurada a modo de nueva ley fundamental, articulada en torno a dos únicos puntos. En primer lugar, la modificación del artículo 2 de la Ley Constitutiva de Cortes para dar paso a un parlamento unicameral compuesto por 350 procuradores elegidos por sufragio universal, igual, directo y secreto, los cuales se encargarían posteriormente de iniciar una auténtica reforma constituyente. En segundo lugar, la incorporación al Fuero de los Españoles de una disposición final en la cual se declarase que los derechos y debe-

---

del fascismo en la España de Franco (1936-1975). Zaragoza, Institución Fernando el Católico, pp. 376-377.

60. Gutiérrez, Pablo (2017): «Antecedentes de la Ley Para la Reforma Política. La decantación de diversas propuestas reformistas (diciembre de 1975-agosto de 1976)», en *Aportes. Revista de Historia Contemporánea*, nº 94, pp. 135-138.

res fundamentales de los españoles debían de interpretarse según lo recogido en la Declaración Universal de Derechos Humanos[61].

Dicha propuesta también fue ignorada por Arias Navarro, que, en su intervención televisada del 27 de abril para exponer los proyectos del Gobierno, demostró las limitaciones de la reforma y la gradualidad con que pretendían implementarse, lo que evidenció «la maraña legislativa en la que se había metido el Gobierno, que si bien tenía sentido desde el punto de vista jurídico, resultaba difícil de digerir políticamente»[62]. Como han apuntado diversos análisis, ese modelo de reformas parciales y graduales fue uno de los factores que frustraron el proyecto esbozado por Fraga, puesto que la propia indefinición del rumbo y su fragmentación legislativa permitió que el búnker obstaculizara con mayor facilidad cada uno de los cambios que el Gobierno proponía[63].

Si ese modelo reformista propiciaba la creación de obstáculos desde los sectores inmovilistas, igualmente alentaba la desconfianza de una oposición rupturista que no creía en su viabilidad. Los primeros meses de la monarquía estuvieron marcados por una amplia movilización social que, de alguna manera, aprovechó la renovación de convenios colectivos de comienzos de 1976 para evidenciar su rechazo hacia la realidad política del país. Fraga, como ministro de Gobernación, no tardó en temer que esas protestas pudieran hacer descarrilar su proyecto, por lo que reprimió con dureza todas esas movilizaciones para, tal y como habría dicho, demostrar que «la calle es mía». La muestra más clara de esa dureza fueron los trágicos sucesos ocurridos en la ciudad de Vitoria el 3 de marzo de 1976, cuando una serie de protestas fueron

---

61. Osorio, Alfonso (1980): *Trayectoria política de un ministro…*, *op.cit.*, pp. 92-93.

62. Sánchez-Cuenca, Ignacio (2014): *Atado y mal atado…*, *op.cit.*, p. 116.

63. *Ibídem*, p. 111.

reprimidas con dureza por la policía, causando 5 muertos y cientos de heridos. Fraga mostró públicamente su firmeza ante unas protestas que consideró una mezcla «entre los soviets de 1917 y el 68 parisino»[64]. Su idea de una reforma otorgada, sin contar con la oposición, se hizo evidente cuando, el 29 de marzo, durante la presentación ante la prensa de Coordinación Democrática, la policía procedió al arresto de aquellos miembros que estaban participando en el acto. Se trataban del abogado Antonio García Trevijano, los socialistas Javier Solana y Raúl Morodo, y los militantes comunistas Marcelino Camacho, Javier Álvarez Dorronsoro y Nazario Aguado. Aunque los integrantes socialistas fueron pronto liberados, Fraga decidió que el resto de los arrestados permanecieran en prisión hasta el 1 de mayo, fecha en que, coincidiendo con el día del trabajador, temía que se pusiera en marcha una gran movilización.

En medio de esta compleja realidad, las Cortes iniciaron la tramitación de los diferentes proyectos contemplados en la reforma trazada por Fraga. El primero de ellos fue la Ley reguladora del Derecho de reunión, la cual liberalizaba parcialmente los derechos de reunión y manifestación, dejando atrás la restrictiva normativa por la que estos aspectos venían regulándose desde 1939. Cursada por el procedimiento de urgencia, una ponencia revisó su contenido sin introducir significativas modificaciones, permitiendo que el 25 de mayo fuera sometida a votación[65]. Los medios habían esperado que aquella primera medida desembocara en una sesión «controvertida y con posibilidades de ofrecer grandes debates parlamentarios», sintiéndose pronto defraudados «ante

---

64. Fraga, Manuel (1987): *En busca del tiempo servido...*, *op.cit.*, p. 38.
65. La ponencia quedó bajo la presidencia de Gregorio López Bravo y estuvo compuesta por Carlos Jesús Álvarez, Rafael Díaz-Llanos, Alfonso García-Valdecasas, Tomás Garicano y Jesús Lample.

una jornada legislativa dominada por el tedio»[66]. Como apuntó Alfonso García-Valdecasas, uno de los miembros de la ponencia, en el fondo aquello era lógico puesto que se trataba del proyecto menos conflictivo de todos los que iban a discutirse en los próximos días. Su defensa gubernamental corrió a cargo de Manuel Fraga, quien destacó que su intervención inauguraba «una histórica serie de debates», al ser «la primera de una serie de reformas que, por una parte, confirman y refuerzan nuestro Estado; por otra, lo ponen al día, ensanchan su base, lo ponen más de acuerdo con la realidad de la sociedad española de los años 70»[67]. Como apuntaba desde su concepción del cambio, «frente al inmovilismo frustrador, basado en la desconfianza hacia nuestro magnífico pueblo, y frente a las posiciones utópicas, aventureras o resentidas de este o aquel grupo de rupturistas o revolucionarios, os cabe, señores procuradores, el orientar el cambio social y enderezar el rumbo legislativo por la vía de la reforma»[68]. Tras alguna intervención de los representantes de los pequeños grupos parlamentarios que todavía estaban comenzando a configurarse, la ley fue sometida a votación, siendo aprobada con tan solo 4 votos en contra y 25 abstenciones[69]. Aceptada aquella ley, el auténtico conflicto surgiría con la tramitación de la Ley de Asociaciones Políticas.

La normativa que se contemplaba para el derecho asociativo en el ámbito político pretendía regularse a través de una nueva Ley de Asociaciones Políticas, la cual iría unida en su tramitación a una reforma del Código Penal. Si por un lado era necesario abrir la puerta al pluralismo, por otro lado era indispensable despena-

---

66. *El País*, 26-V-1976.
67. *Ídem.*
68. *Ídem.*
69. Al no votarse de forma nominal, solo quedaron recogidos los votos en contra y las abstenciones. *Ídem.*

lizar las asociaciones políticas ajenas al Movimiento[70]. Con estas reformas pretendía generar un mapa político que ya no dependería del Consejo Nacional, sino del Ministerio de la Gobernación, atribuyéndose la resolución de los recursos a un tribunal de garantías constituido por representantes de la magistratura y delegados gubernamentales, lo que dejaba la puerta abierta a un cierto control gubernamental. Esta cuestión fue criticada por ministros como Garrigues y Osorio, quienes consideraban que los recursos debían de ser resueltos, como símbolo de imparcialidad, por el Tribunal Supremo, algo a lo que Arias y Fraga se opusieron. Una vez que la ley fue remitida a las Cortes, fue la ponencia encargada de su análisis la que introdujo esa modificación[71]. Acordados tales puntos, de cara a su debate en Cortes la defensa de la nueva ley fue encargada al entonces ministro Secretario General del Movimiento, Adolfo Suárez. El hecho de que esa misión recayera en él parece que surgió de Fernández-Miranda, quien consideraba que, al suponer una revisión del Estatuto de Asociaciones promulgado en el ámbito del Movimiento, su Secretario General podía arrastrar mayores apoyos. No obstante, detrás de aquella sugerencia también pareció residir su pretensión por promocionar la figura de Suárez. Como dejaría escrito en su diario, «sobre él ejerzo una gran autoridad y esto puede ser decisivo». Ya dispuesto a desplazar a Arias de la jefatura del Gobierno, Fernández-Miranda pretendía impulsar a «un ejecutor, no un diseñador», siendo por tanto de su interés contar como futurible presidente con alguien como Suárez, que no contaba con un proyecto propio[72].

70. Sánchez-Cuenca, Ignacio (2014): *Atado y mal atado...*, *op.cit.*, p. 124.

71. La ponencia estuvo constituida por Pío Cabanillas, Manuel Conde Bandrés, Antonio José García Rodríguez-Acosta, José Luis Meilán, Eduardo Navarro, Ramón Pita da Veiga y Enrique Sánchez de León.

72. Fernández-Miranda, Pilar y Fernández Miranda, Alfonso (1995): *Lo que el rey me ha pedido...*, *op.cit.*, p. 198.

El debate en las Cortes de la Ley de Asociaciones Políticas se inició el 8 de junio. Tras la presentación del informe de la ponencia por parte de Pío Cabanillas, diferentes procuradores presentaron sus enmiendas con un evidente tono crítico hacia la misma. Las intervenciones iniciales fueron las de Raimundo Fernández-Cuesta, Joaquín Gias Jové y José María Fernández de la Vega, quienes habían presentado enmiendas a la totalidad a una ley que, consideraban, pondría fin al modelo existente y provocaría el desmantelamiento de un régimen que había sido «el artífice de la paz y del desarrollo económico-social de la Patria»[73]. Otros procuradores intervinieron después para plantear matizaciones menores, apenas destacando la intervención de Ramiro Cercós, que defendió la evolución hacia una democracia plena basada en auténticos partidos políticos[74]. La sesión continuó el 9 de junio, siendo esa jornada cuando Adolfo Suárez defendió desde la tribuna el proyecto de ley tramitado por el Gobierno. En su intervención, Suárez llamó a emprender el «reconocimiento del pluralismo de nuestra sociedad» y, «si esta sociedad es plural, no podemos permitirnos el lujo de ignorarlo. Por el contrario, es preciso organizar esa pluralidad, y es preciso organizarla de modo que dé cabida a todos los grupos sinceramente democráticos, con aspiraciones de poder [y] con voluntad de ofrecer una alternativa»[75]. Desde esa convicción, manifestó que esa pluralidad se reflejaba ya en la realidad, por lo que las instituciones no podían permanecer pasivas ante ella, «sin combatirla ni legalizarla, simplemente ignorándola»[76]. Por todo ello, pedía a la cámara el compromiso de «quitarle dramatismo a

---

73. Diario de sesiones de las Cortes Españolas, nº 27, sesión celebrada los días 8 y 9 de junio de 1976, p. 16.
74. *Ibídem*, pp. 73-80.
75. *Ibídem*, p. 104.
76. *Ibídem*, p. 105.

nuestra política» y «elevar a la categoría política de normal, lo que a nivel de calle es simplemente normal», cerrando su intervención con unos versos de Antonio Machado: «Está el hoy abierto al mañana. / Mañana, al infinito. / Hombres de España. Ni el pasado ha muerto, / ni está el mañana, ni el ayer escrito»[77]. Cuando al final de la mañana la ley fue votada, recibió 338 votos a favor, 91 en contra y 25 abstenciones. El texto había sido aprobado, aunque el hecho de que el Gobierno hubiera asegurado previamente no esperar más de 50 votos en contra ponía de manifiesto que el ejecutivo tenía un menor control de la cámara de lo que se imaginaba[78].

Pese a esa votación, para su auténtica entrada en vigor era necesario que las Cortes apoyasen una reforma del Código Penal, cuestión que pretendía tramitarse esa misma tarde. El punto fundamental consistía en la modificación del artículo 172, que, hasta entonces, permitía la ilegalización de asociaciones políticas por mera decisión del Gobierno. Pese a que la revisión prevista pretendía anular el intervencionismo gubernamental, todavía se prohibían, desde una visión restrictiva, aquellas asociaciones que fueran contrarias a la moral pública; las que tuvieran por objeto la subversión violenta o la destrucción del orden jurídico, político, social y económico; las que promovieran la discriminación entre ciudadanos; y las que se propusieran implantar un sistema totalitario. El pleno se reanudó con una intervención de Antonio Garrigues, que combinó el tono tranquilizador con apelaciones generales a la reforma y la monarquía, siendo sucedido en el turno de la palabra por los miembros de la ponencia que habían analizado la reforma sugerida para el Código Penal[79]. Sin embargo, la

---

77. *Ibídem*, p. 111.
78. *El País*, 10-VI-1976.
79. Bajo la dirección del presidente de la comisión de Justicia, Licinio de la Fuente, la ponencia estuvo integrada por Fernando Dancausa de Miguel,

sesión fue progresivamente dominada por un tono de nerviosismo tras recibirse la noticia de que la banda terrorista ETA había asesinado al jefe local del Movimiento en Basauri. Esta situación llevó a que el Gobierno pidiera una pausa para reaccionar ante la posibilidad de que la creciente tensión derivase en un voto contrario al proyecto, quedando reunidos la mayoría de los ministros en el despacho de Fernández-Miranda para decidir cómo actuar. Osorio se mostró partidario de postergar la votación hasta que, pasados unos días, se calmaran los ánimos; mientras que Fraga y Areilza fueron firmes defensores de proseguir con la tramitación para no trasmitir sensación de debilidad. El presidente Arias, desbordado, se mostró dubitativo. Fue Fernández-Miranda quien apoyó la posición planteada por Osorio, logrando que se impusiera el criterio de posponer la votación[80]. En su lugar, se presentaría a los procuradores unas bases generales de tono tranquilizador que serían enviadas a la comisión de justicia para que las desarrollase técnicamente. En esas bases se incluyó una fórmula ideada por Osorio para asegurarse un voto favorable, según la cual, serían ilícitas las asociaciones que se propusieran implantar un régimen totalitario y estuvieran «sometidas a una disciplina internacional», lo que haría que los procuradores entendiesen que así quedaba garantizada la ilegalidad de las formaciones comunistas[81]. Retomada la sesión, dicha propuesta fue aceptada con 64 votos en contra y 38 abstenciones[82]. Con esta situación, se daba la singular circuns-

---

Francisco Escrivá de Romaní, Marcelo Fernández Nieto, Carlos Iglesias Selgas y Manuel Madrid del Cacho.

80. Magaldi, Adrián (2022): *El arte de perder. Alfonso Osorio, una biografía en transición*. Madrid, CEPC, pp. 241-242.

81. Osorio, Alfonso (1980): *Trayectoria política de un ministro…*, *op.cit.*, pp. 159-160.

82. Diario de sesiones de las Cortes Españolas, nº 27, sesión celebrada los días 8 y 9 de junio de 1976, p. 2.

tancia de que la Ley de Asociaciones había sido aprobada, pero no podía entrar en vigor al no haberse modificado el Código Penal. De esta forma, el modelo de reforma teorizado por Fraga quedaba en una cierta parálisis.

Las dificultades reveladas despertaron unas preocupaciones que llegaron a extenderse hasta el monarca, quien parecía temer que el fracaso del proceso pudiera poner en riesgo a la propia monarquía. Desde el primer momento había tratado de dejar constancia de su posición reformista ante la vieja clase política. En una fecha tan temprana como el 2 de marzo, pronunció un discurso ante el Consejo del Reino en el que apuntó la necesidad de «profundas reformas», alegando que en caso de dificultades existía «la potestad del Rey de someter a referéndum nacional los proyectos de ley, aunque el referéndum no sea exigido de modo preceptivo por una ley fundamental»[83]. Probablemente, aquella advertencia no se debiera a una pretensión auténtica de recurrir al «principio monárquico», sino un método con el que disuadir a las élites del régimen de una posible actitud obstruccionista. Pero las dificultades se mantuvieron y muy pronto se evidenció que la escasa confianza del presidente Arias hacia la reforma era uno de los principales lastres, lo que derivó en una completa falta de entendimiento entre el monarca y su presidente.

En una entrevista concedida por Juan Carlos I al semanario estadounidense *Newsweek*, este declaró que Arias había «demostrado más inmovilismo que movilidad», resultando ser «un desastre sin paliativos»[84]. Su propósito de dar a conocer la auténtica vocación reformista de la Corona se puso de manifiesto unos

---

83. Juan Carlos I (1976): *El mensaje de la Corona: Primer mensaje real*. España, Presidencia del Gobierno, p. 45.

84. Prego, Victoria (1996): *Así se hizo la Transición*. Barcelona, Plaza y Janés, p. 445.

días después durante su viaje a Estados Unidos, donde había sido invitado a realizar una visita oficial con motivo del bicentenario de su independencia. El 2 de junio de 1976, el rey declaró ante el Congreso de los Estados Unidos, reunido en sesión conjunta, que «la monarquía española se ha comprometido, desde el primer día, a ser una institución abierta, en la que todos los ciudadanos tengan un sitio holgado para su participación política sin discriminación de ninguna clase y sin presiones indebidas de grupos sectarios y extremistas. La Corona ampara a la totalidad del pueblo y a cada uno de los ciudadanos, garantizando a través del derecho y mediante el ejercicio de las libertades civiles, el imperio de la justicia»[85]. Los temores del monarca se hicieron definitivos cuando, a mediados del mes de junio, los proyectos de reforma de las Leyes Fundamentales encallaron durante su paso por el Consejo Nacional. La elaboración del preceptivo dictamen había quedado a cargo de una ponencia de la sección primera sobre Principios Fundamentales y Desarrollo Político, para la cual Suárez promovió a jóvenes reformistas que, en sus conclusiones, plantearon un mayor alcance del proyecto democratizador[86]. Sin embargo, cuando el 11 de junio el informe hubo de ser aprobado por el conjunto de la comisión, esta lo rechazó. Ante dicho revés, Arias Navarro puso en marcha una nueva ponencia controlada por un hombre de

---

85. En: «Discurso del Rey Juan Carlos I ante el Congreso de los Estados Unidos de América». Disponible en: Sánchez, Ángel José (1998): *La transición española en sus documentos*. Madrid, Centro de Estudios Políticos y Constitucionales, pp. 274-276.

86. La ponencia encargada de redactar el informe fue elegida en el seno de la comisión de Leyes Fundamentales, presidida por Jesús Fueyo, y estuvo constituida por Licinio de la Fuente, Eduardo Navarro, José Miguel Ortí Bordás, Emilio Romero, Fernando Benzo, Melitino García Carrero y Baldomero Palomares. Ysàs, Pere (2013): «El Consejo Nacional del Movimiento», *op.cit.*, p. 377.

su confianza, José García Hernández, dispuesto a reflejar un tono más comedido y moderado en su alcance[87]. La conflictiva situación que se estaba generando llegó a su fin el 1 de julio. Ese día, el monarca decidió proceder a la destitución de Carlos Arias y lo citó al Palacio de Oriente aprovechando una rutinaria presentación de cartas diplomáticas. Antes de que el rey tomara su decisión, Arias Navarro, consciente de su futuro, presentó su dimisión. Con su caída, quedaba desplazado uno de los grandes obstáculos que había encontrado el proceso reformista, aunque era evidente que no era el único. Ahora, quedaba por ver quien asumía la misión de capitanear el cambio.

3. Adolfo Suárez y la Ley para la Reforma Política

Con la caída de Carlos Arias Navarro se iniciaba una nueva oportunidad para la reforma. Ante la necesidad de designar a un nuevo jefe del Gobierno, Torcuato Fernández-Miranda convocó al Consejo del Reino para los días 2 y 3 de julio, siendo de su cometido confeccionar la terna con los tres posibles aspirantes de entre los cuales el rey designaría al nuevo presidente. Durante las deliberaciones, Fernández-Miranda propuso que cada consejero sugiriese tres nombres en base a las tres grandes familias del régimen: católicos, tecnócratas y Movimiento. A partir de la lista surgida, se iniciarían unos debates en los que él haría todo lo posible para que la terna final incluyera el nombre acordado con el rey: Adolfo Suárez. Tras largas deliberaciones, en la terna confeccionada por

---

87. La nueva ponencia quedó constituida por José García Hernández, Manuel Conde Bandrés, Julio Gutiérrez Rubio, Ignacio García López y Manuel Ortiz Sánchez. Tusell, Javier y García, Genoveva (2003): *Tiempo de incertidumbre…, op.cit.*, pp. 310-312.

el Consejo del Reino figuraron los nombres de Federico Silva por los católicos, Gregorio López Bravo por los tecnócratas y Adolfo Suárez por el Movimiento[88]. Como era de esperar, Suárez fue el elegido por el monarca, tras lo cual juró su cargo el 5 de julio. El nombramiento de Suárez fue recibido con un tono crítico por la mayor parte de la opinión pública. Eran pocos los que confiaban en que, el hasta entonces Secretario General del Movimiento, pudiera pilotar la reforma que llevase a España hacia la democracia. Pese a su celebrado discurso en las Cortes durante la tramitación de la Ley de Asociaciones, lo cierto es que, hasta entonces, Suárez no era una figura que se hubiese movido por el espectro reformista. Esta situación provocó que miembros tan significativos del anterior ejecutivo como Fraga, Areilza o Garrigues rechazaran continuar en el nuevo gobierno. Apenas aceptaron seguir algunos reformistas de segunda fila, como Rodolfo Martín Villa (Gobernación), Leopoldo Calvo-Sotelo (Obras Públicas) o Alfonso Osorio (Presidencia), quien además se convirtió en su vicepresidente y desempeñó un papel clave en la formación del nuevo gabinete. Procedente de las filas reformistas del grupo Tácito, ante las dificultades de Suárez para formar gobierno, Osorio recurrió a viejos compañeros de aquel colectivo, quienes constituyeron la principal cantera del nuevo ejecutivo. Así, destacaron las incorporaciones de Landelino Lavilla (Justicia), Marcelino Oreja (Asuntos Exteriores), Andrés Reguera (Información y Turismo), Eduardo Carriles (Hacienda) o Enrique de la Mata (Relaciones Sindicales)[89]. Junto a otras figuras que lograron sumar al proyec-

---

88. Fernández-Miranda, Pilar y Fernández-Miranda, Alfonso (1995): *Lo que el rey me ha pedido…*, *op.cit.*, p. 209.

89. Los miembros iniciales de aquel gobierno fueron: Fernando de Santiago (vicepresidente primero para Asuntos de la Defensa), Alfonso Osorio (vicepresidente segundo para Asuntos Políticos y ministro de Presidencia), Rodolfo Martín Villa (Gobernación), Leopoldo Calvo-Sotelo (Obras Públicas),

to, el Gobierno pudo constituirse y jurar sus cargos el 8 de julio, siendo igualmente recibido con desconfianza ante lo que se consideraba un «gobierno de penenes», en referencia a los profesores no numerarios caracterizados por su juventud e inexperiencia. Las dudas sobre el futuro de la reforma no hicieron sino aumentar cuando, días después, la revisión del Código Penal volvió a tratarse en el pleno de las Cortes. El 14 de julio, una reunión de la cámara debatió la revisión pendiente del Código Penal, presentándose ante el pleno el informe cuya elaboración había sido encargada un mes atrás a la comisión de Justicia. Según el procedimiento de urgencia por el que se venía tramitando, al tratarse de un informe que había sido encomendado por las propias Cortes no era preciso el oportuno debate parlamentario, por lo que tan solo intervinieron un ponente y el nuevo ministro de Justicia. Por parte de la ponencia, Francisco Escrivá de Romaní tomó la palabra para expresar sus dudas respecto a la incorporación de la cláusula por la cual se excluían las formaciones totalitarias sometidas a disciplina internacional, al considerarlo una fórmula demasiado ambigua dado el propio debate jurídico-filosófico en torno al concepto «totalitario». Como fórmula sustitutiva, la ponencia sugirió reemplazar dicha referencia por la ilegalidad de aquellas asociaciones «contrarias al pluralismo asociativo»[90]. Aunque aquella redacción podía conside-

---

Landelino Lavilla (Justicia), Marcelino Oreja (Asuntos Exteriores), Andrés Reguera (Información y Turismo), Eduardo Carriles (Hacienda), Enrique de la Mata (Relaciones Sindicales), Fernando Abril Martorell (Agricultura), Aurelio Menéndez (Educación y Ciencia), Ignacio García (Secretario General del Movimiento), Álvaro Rengifo (Trabajo), José Lladó (Comercio), Carlos Pérez de Bricio (Industria), Francisco Lozano (Vivienda), Félix Álvarez Arenas (Ejército), Carlos Franco Iribarnegaray (Aire) y Gabriel Pita da Veiga (Marina).

90. González, Juan José (1977): «La reforma del Código penal de 19 de Julio de 1976, en materia de asociaciones», en *Anuario de derecho penal y ciencias penales*, nº 30, p. 677.

rarse más adecuada y avanzada, en el seno del Gobierno existía el
temor a la oposición que mostrarían ciertos sectores del régimen
–a quienes podía llegar a afectar– que ya habían evidenciado su
inicial oposición a la revisión del Código Penal. Cuando Lavilla
intervino en nombre del Gobierno, pronunció un difuso discurso
ante un ejecutivo que optó por asumir un perfil bajo para no vincular su destino al de una propuesta nacida del gobierno anterior.
Cuando el presidente de las Cortes sometió a votación la propuesta
alternativa de la ponencia, esta fue rechazada con 240 votos en
contra, 200 a favor y 49 abstenciones, entre las que figuraban los
votos del ejecutivo[91]. Manteniéndose la fórmula original de ilegali-
zar los grupos totalitarios sometidos a disciplina internacional, esta
fue aprobada con 248 votos a favor –incluido el Gobierno–, 174
en contra y 57 abstenciones. Finalmente había podido aprobarse la
reforma del Código Penal, pero el aumento de la oposición de las
Cortes y el bajo perfil mostrado por el nuevo gabinete, hacían creer
a muchos en la inviabilidad de la alternativa reformista.

Las iniciales suspicacias levantadas tras la llegada de Suárez
solamente comenzaron a diluirse cuando, en la madrugada del 17
de julio, el Gobierno dio a conocer su declaración programática.
En sus propósitos, el ejecutivo expresó su «convicción de que la
soberanía reside en el pueblo» y proclamó su intención «de trabajar
colegislativamente en la instauración de un sistema político democrático, basado en la garantía de los derechos y libertades cívicas,
en la igualdad de oportunidades políticas para todos los grupos
democráticos y en la aceptación de un pluralismo real», compro-
metiéndose a celebrar elecciones libres antes del 30 de junio de
1977[92]. Aquel nuevo lenguaje, que parecía representar un nuevo

---

91. *Ídem.*
92. Powell, Charles (2001): *España en democracia, 1975-2000*. Barcelona,
Plaza y Janés, p. 162.

talante, tuvo ocasión de evidenciarse con las medidas tomadas en las semanas siguientes. El 28 de julio se acordó una derogación parcial del Concordato de 1953 tras firmarse con el Vaticano un Acuerdo Base, el cual supuso la renuncia por parte del rey a la presentación de obispos a cambio del abandono, por parte de la Iglesia, de su privilegio del fuero eclesiástico. Con aquella decisión se iniciaba la separación Iglesia-Estado que había estado vigente durante una dictadura que había hecho del nacionalcatolicismo uno de sus fundamentos ideológicos. Días después, el 30 de julio, el consejo de ministros aprobó un amplio indulto por delitos políticos y de opinión, del cual pudieron beneficiarse todos los presos políticos salvo aquellos acusados de actos terroristas. Pero, lo más significativo, fue el diálogo que el propio presidente comenzó a establecer con figuras de la oposición rupturista, lo cual incluía a dirigentes socialistas como Felipe González, Luis Gómez Llorente, Enrique Tierno Galván y Raúl Morodo, líderes democristianos como José María Gil-Robles, Joaquín Ruiz-Giménez y Fernando Álvarez de Miranda, o dirigentes catalanistas como Josep Pallach y Jordi Pujol[93]. No obstante, dichos encuentros mostraron un mayor interés en alcanzar una complacencia de la oposición con la vía reformista que en iniciar una auténtica negociación. Como le indicaría el vicepresidente Osorio a Joaquín Garrigues Walker –dirigente de la Federación de Partidos Demócratas y Liberales– la oposición debía de abandonar la idea de ruptura, «aunque fuese la ruptura pactada, porque no había otra salida para el entendimiento con el Gobierno que la línea reformista»[94]. Pese a esa convicción gubernamental por la alternativa reformista, vistos los problemas sufridos por el modelo gradual de Fraga parecía indispensable repensar la senda por la cual discurriría ese cambio.

93. Prego, Victoria (1996): *Así se hizo la Transición...*, *op.cit.*, p. 521.
94. Osorio, Alfonso (1980): *Trayectoria política...*, *op.cit.*, p. 164.

Durante el mes de julio, el Gobierno recibió diferentes propuestas de reputados juristas respecto a posibles alternativas al fallido modelo del anterior ejecutivo. Luis Angulo, persona próxima al vicepresidente Osorio, remitió un informe en el cual sugería continuar con el modelo de leyes parciales, pero incluyendo una serie de preceptos que, tras la reforma que democratizara las Cortes, las facultara «para la ratificación o modificación del contenido de dichas leyes», ya que sus nuevos representantes serían los únicos que podrían dar un «respaldo enteramente democrático»[95]. Paralelamente, por petición de Suárez, se encargó un dictamen a Carlos Ollero, prestigioso catedrático de derecho político que ejercía ciertas funciones de portavoz entre los grupos opositores, por lo que su análisis permitiría tener conocimiento de los cauces reformistas que podían ser aceptables para la oposición antifranquista. Ollero les hizo llegar un análisis acerca del concepto de referéndum-plebiscito y de las posibilidades de una ley que permitiese «la transformación del sistema actual en un régimen democrático» a través de «un cambio para la reforma»[96]. Suponía una profunda reflexión teórico-política que, sin embargo, no ofrecía nítidas respuestas a las dudas gubernamentales. La compleja situación inclinó a Suárez hacia el rumbo que, tiempo atrás, había sugerido Osorio a su predecesor, basado en tramitar una ley mínima que, de forma directa y bajo la apariencia de una ley fundamental, permitiera democratizar las Cortes para que estas fueran las auténticas encargadas de confeccionar la posterior reforma constitucional. Tras mucha meditación, Suárez tomó la decisión de romper con la senda de reformas graduales de Fraga y se decantó por impulsar un proyecto democratizador que, presentado como una nueva ley fundamen-

---

95. *Ibídem*, p. 170.
96. Míguez, Santiago (1990): *La preparación de la transición a la democracia en España*. Zaragoza, Prensas Universidad de Zaragoza, p. 209.

tal, fuera aprobado por las Cortes y sometido en referéndum al pueblo español. Con aquella decisión se abría el camino a la Ley para la Reforma Política.

La redacción de la ley

Decidido a tramitar una ley de reforma que trazase de forma directa el rumbo hacia el cambio, Suárez encargó tres borradores: uno al Ministerio de Justicia, elaborado por el secretario general técnico, Miguel Herrero y Rodríguez de Miñón; otro a la Secretaría General del Movimiento, redactado por el vicesecretario Eduardo Navarro; y otro al subsecretario técnico de Presidencia de Gobierno, José Manuel Otero Novas. El proyecto teorizado por Miguel Herrero de Miñón –inspirado en sus ideas previas de *El principio monárquico*– contemplaba la realización de una consulta popular en busca del consentimiento del pueblo español para que una comisión regia, formada por miembros del régimen y la oposición, elaborase un nuevo texto constitucional acorde a una realidad democrática y pluralista[97]. Por su parte, el proyecto de Eduardo Navarro nunca dejó de ser unas simples notas que, en un breve articulado, recogía apelaciones generales al reconocimiento de los derechos humanos, la monarquía constitucional y un sistema bicameral elegido por sufragio universal[98]. En último lugar, el plan esbozado por José Manuel Otero Novas se basó en facilitar la celebración de unas elecciones libres de las cuales resultasen unas Cortes democráticas que permitieran la posterior reforma constitucional. Recibidas las diferentes

---

97. Herrero de Miñón, Miguel (ed.) (1999), *La Transición Democrática en España. Vol. II.* Bilbao. Fundación BBVA, p. 91-92.

98. Navarro, Eduardo (2014): *La sombra de Suárez.* Barcelona, Plaza y Janés, p. 190.

propuestas, Adolfo Suárez se mostró indeciso, por lo que el 15 de agosto telefoneó a Torcuato Fernández-Miranda y, poniendo a su disposición los estudios realizados hasta entonces, le encargó un nuevo texto[99].

Entre los días 21 y 22 de agosto, durante un fin de semana en la casa familiar de Navacerrada, Fernández-Miranda aprovechó para trazar las líneas definitorias de una propuesta de ley de reforma. El día 23, después de alguna corrección formal por parte de Juan Sierra –director del Gabinete Técnico del Consejo del Reino–, Fernández-Miranda cerró la redacción de un proyecto de ley bajo la denominación «Ley Básica de reforma política»[100]. El texto esbozado por Fernández-Miranda se vertebraba en torno a un preámbulo, cuatro artículos y una disposición transitoria. El preámbulo suponía una reflexión sobre las dificultades históricas sufridas a lo largo de «nuestra dura historia contemporánea», las cuáles habrían imposibilitado la implantación de un sistema democrático. Sin embargo, se indicaba que, en los últimos años, habían surgido unas nuevas condiciones que hacían viable una reforma hacia la democracia, entendida «como forma estable de convivencia civilizada en paz y conforme a leyes»[101]. Tras dicho texto introductorio, comenzaba un cuerpo normativo cuyo primer artículo establecía «la supremacía de la Ley» entendida como «expresión de la voluntad del pueblo español»[102]. La aprobación de toda ley correspondería a unas Cortes bicamerales, mientras la

99. Otero Novas, José Manuel (2014): *Lo que yo viví…*, *op.cit.*, pp. 127-137.

100. En: «Texto de la Ley básica de reforma política entregado por Torcuato Fernández-Miranda a Suárez», en Sánchez, Ángel José (1998): *La transición española en sus documentos*. Madrid, Centro de Estudios Políticos y Constitucionales, pp. 319-322.

101. *Ídem.*

102. *Ídem.*

sanción sería responsabilidad de la Corona. El segundo artículo definía la composición y funcionamiento de las futuras Cortes, formadas por un Congreso de los Diputados con 350 representantes elegidos por sufragio universal para un período de tres años, y un Senado con 250 senadores nombrados por un período de cuatro años, de los que 102 serían elegidos por las urnas, 40 por el rey, 40 por las corporaciones culturales, 18 por el Gobierno y 50 por las corporaciones profesionales, lo que suponía la continuidad de ciertos elementos de representación orgánica[103]. El tercer artículo recogía que, para la aprobación de toda reforma constitucional, sería necesaria una mayoría absoluta de ambas cámaras y, en caso de no conseguirse, sería «aprobada por el solo voto del Congreso de los Diputados, si este equivale a los dos tercios de los miembros del mismo»[104]. No obstante, se recogía la posibilidad de que «el Rey, antes de sancionar la reforma, puede recabar la aprobación del pueblo» a través de una consulta. Todo lo apuntado respecto a la tramitación de una reforma constitucional, se indicaba que sería extensible a las leyes ordinarias[105]. Finalmente, el cuarto artículo explicitaba que las iniciativas de reforma constitucional corresponderían al Gobierno, las Cortes y la Corona, siendo posteriormente refrendada en un plebiscito que debía de contar con preguntas «claras y concretas»[106]. El proyecto diseñado por Fernández-Miranda se cerraba con una disposición transitoria en la que «se autoriza al Gobierno a regular por decreto-ley las primeras elecciones», previéndose para el Congreso un sistema proporcional, mientras que en el Senado –debido a la mayor complejidad de su composición– se indicaba

103. *Ídem.*
104. *Ídem.*
105. *Ídem.*
106. *Ídem.*

que sería el «exigido por la naturaleza del mismo, que no permite la estricta proporcionalidad, pero sí criterios análogos de máxima objetividad»[107].

El 23 de agosto, Fernández-Miranda acudió ante Suárez y le entregó su borrador. Tras examinar la propuesta con el vicepresidente Osorio y considerarla ambos oportuna, Suárez la presentó al consejo de ministros al día siguiente. Tras recibir una aceptación generalizada por el resto de los miembros del Gobierno, Suárez organizó una pequeña comisión para su perfeccionamiento con el propósito de que la redacción definitiva estuviera finalizada para el 3 de septiembre, pues después debía de iniciarse su tramitación en el Consejo Nacional y las Cortes. La comisión se reunió entre los días 1 y 6 de septiembre, por lo que al final la ley no pudo ser aprobada hasta el día 10. Presidida por Suárez, de ella formaron parte los ministros Alfonso Osorio, Ignacio García, Landelino Lavilla, Marcelino Oreja, Andrés Reguera, Aurelio Menéndez, Enrique de la Mata y Rodolfo Martín Villa. En alguna ocasión también se incorporaron, a instancia de Suárez, Leopoldo Calvo-Sotelo y Fernando Abril Martorell[108]. Pese a su carácter colectivo, la principal responsabilidad en el perfeccionamiento del texto recayó en Landelino Lavilla en tanto que ministro de Justicia. Según este recordó en sus memorias, durante aquellos días «la documentación sobre el proyecto estuvo permanentemente en mi poder: yo realizaba los estudios que prestaban soporte a cada uno de los extremos de la disposición, presentaba sucesivas formulaciones y reelaboraciones, recibía las observaciones y sugerencias de los demás y recogía, al término de cada reunión, los papeles repartidos. Entre reunión y reunión, tenía un mínimo de dos o tres despachos

---

107. *Ídem.*
108. Osorio, Alfonso (1980): *Trayectoria política…*, *op.cit.*, p. 176.

con el presidente Suarez»[109]. Durante toda la tramitación, Lavilla contó con la estrecha colaboración de su secretario general técnico, Miguel Herrero y Rodríguez de Miñón. Aunque este desconfiaba del proceso a seguir, por considerar que «la vía elegida era la más difícil en procedimiento, la más aleatoria en el resultado y jurídica y políticamente innecesaria», colaboró de forma activa[110]. De esta forma, fue el Ministerio de Justicia el encargado de realizar el diseño definitivo en base a las diferentes reformulaciones que la comisión ministerial planteó al texto de Fernández-Miranda.

Durante la semana en que celebró sus encuentros, la comisión efectuó diversas modificaciones al texto original. Lo fundamental fue el cambio en la denominación, al recibir el nombre de Ley para la Reforma Política. Esto la hacía aparecer como una ley puente o una ley instrumento, pues al pasar de ser una ley *de* reforma a ser una ley *para* la reforma, dejaba de concebirse como una reforma definitiva y no se cerraba la puerta a un posterior proceso constituyente, no mencionado por obvias razones políticas[111]. Junto a esta variación, se modificaron varios elementos del articulado. En el primer artículo se introdujo un ligero pero significativo cambio, al indicarse que la ley sería la «expresión de la voluntad *soberana* del pueblo»[112]. Se incluía así la palabra soberana, cargada de especial valor al determinarse con ella que, en la nueva realidad, el

109. Lavilla, Landelino (2017): *Una historia para compartir...*, *op.cit.*, p. 207.

110. Herrero de Miñón, Miguel (1993): *Memorias de estío*. Madrid, Temas de Hoy, p. 85.

111. Peña, José (2005): «La ley para la reforma política como factor legitimador del cambio», en Peña, José (coord.): *Homenaje a D. Íñigo Cavero Lataillade*. Valencia, Tirant lo Blanch, p. 450.

112. En: «Textos del proyecto de ley y de la ley definitiva», en Sánchez, Ángel José (1998): *La transición española en sus documentos*. Madrid, Centro de Estudios Políticos y Constitucionales, pp. 314-319.

pueblo sería el sujeto titular de la soberanía. Al revisarse el primer artículo también existió la intención de incorporar una referencia al marco internacional de los derechos humanos, pero al final no fue incluida. Según Lavilla, «en nuestro cauto afán, sin embargo, de no facilitar la ampliación del debate, abandonamos la propuesta estimando que, por la vía del compromiso internacional directo, podríamos verificar su ulterior incorporación al derecho interno»[113]. En el segundo artículo se mantuvo la concepción bicameral de las nuevas Cortes, pese al intento del Ministerio de Justicia de establecer una realidad unicameral. Esto fue rechazado por Suárez, probablemente convencido de que la existencia de dos cámaras facilitaría una cierta inercia entre sectores del Movimiento que vieran en esa segunda cámara la continuidad del Consejo Nacional. Pese a mantenerse el bicameralismo, se introdujeron sustanciales cambios en su composición, al eliminarse el carácter corporativo del Senado, cuyos miembros pasaron a definirse como representantes de entidades territoriales, con la única excepción de un reducido cupo que sería designado por el rey. Además, la composición de ambas cámaras fue desplazada a la disposición transitoria primera, otorgándole así un posible carácter transicional. Se definió un Congreso de 350 diputados y un Senado con 204 miembros, a razón de cuatro por provincia, dos por Ceuta y dos por Melilla, expresándose también que los senadores reales no podrían superar la quinta parte de la cámara. Del mismo modo se igualó en cuatro años el mandato del Congreso y el Senado[114]. El tercer artículo pasó a ser una fusión de los artículos 3 y 4 del

---

113. Lavilla, Landelino (2017): *Una historia para compartir...*, *op.cit.*, p. 223.

114. Al realizarse estas revisiones también decidió incluirse una mención expresa a la continuidad del cargo del Presidente de las Cortes y el Consejo del Reino, que se pensaba podría desempeñar un papel clave en la transición desde las Cortes franquistas al nuevo parlamentarismo democrático. *Ídem.*

proyecto de Fernández-Miranda, definiéndose al Gobierno, las Cortes y la Corona como fuentes de la reforma, pero se añadía que, en caso de no conseguirse mayoría absoluta en las dos cámaras durante un cambio constitucional, se formaría una comisión mixta compuesta por los presidentes de dichas cámaras, cuatro diputados y cuatro senados. Si esta comisión no lograba un consenso, sería suficiente con la mayoría absoluta de la suma de ambas cámaras. El cuarto artículo pasó a tratar de forma individualizada la tramitación de la legislación ordinaria, al considerarse excesiva la fórmula de Fernández-Miranda, que en caso de discrepancias igualaba la resolución de este conflicto a las reformas constitucionales. El Gobierno decidió que, si no existía acuerdo, bastaría con la mayoría absoluta del Congreso. Un quinto artículo fue incorporado para referirse expresamente a la facultad real de apelar al pueblo ante «una opción política de interés nacional», eliminándose la palabra plebiscito por sus resonancias de época pasada[115].

Respecto a las disposiciones, se mantuvo la disposición primera referida al marco electoral —determinándose el sistema proporcional para el Congreso y el mayoritario para el Senado— y se incorporaron otras dos relativas al plano funcional y operativo de las nuevas Cortes. Mientras la segunda disposición reguló la composición de las comisiones y del Consejo del Reino, la tercera disposición especificó que se asumirían los reglamentos existentes para el funcionamiento de las nuevas cámaras hasta la aprobación de una normativa propia. La modificación gubernamental también incluyó una disposición final por la cual se declaraba su rango de Ley Fundamental, lo que aseguraba el aspecto formal de continuidad legal al convertirla en la «octava ley fundamental»[116].

---

115. En: «Textos del proyecto de ley y de la ley definitiva»…, *op.cit.*
116. Lucas Verdú, Pablo (1976): *La octava ley fundamental. Crítica jurídico-política de la reforma Suárez.* Madrid, Tecnos.

Este interés por mostrar una actuación legalista explica que no se incluyera una disposición derogatoria, pues el Gobierno trató de evitar que la clase política del franquismo pudiera demostrar que, con esa ley, se procedía al desmantelamiento del régimen.

Realizada esa amplia revisión del borrador inicial de Fernández-Miranda, el Gobierno decidió también reformular el preámbulo para convertirlo en una «expresión de la filosofía política que alentaba el proyecto y con la que nos sentíamos y manifestábamos comprometidos»[117]. Redactada por Osorio y Lavilla, el nuevo texto introductorio realizaba una defensa del cauce reformista frente al rupturismo de la oposición, a la vez que se sostenía la reformabilidad de las leyes del régimen frente a las presiones continuistas. El preámbulo, toda una exposición de motivos, decía así:

La democracia, resultado del esfuerzo y trabajo de todo el pueblo español, no puede ser improvisada. Toda nuestra historia contemporánea demuestra que las creaciones abstractas, las ilusiones, por nobles que sean, las actitudes maximalistas, las imposiciones, los partidismos elevados a dogma, no solo no conducen a la democracia, sino que la destruyen. Por ello, esta solo se puede alcanzar como forma estable de convivencia civilizada, en paz y conforme a las Leyes, partiendo de la realidad social existente y de la historia asumida. [...] Por otra parte, las Leyes, independientemente de su origen histórico, adquieren significado democrático en el instante que pueden ser reformadas, de modo cierto y operativo, por la voluntad mayoritaria del pueblo. Para ello, una Ley de Reforma Política debe hacer posible que la mayoría popular se constituya en la instancia decisoria de la misma reforma, porque solo así, cuando el pueblo haya otorgado libremente su mandato a sus representantes, podrán acometerse democráticamente y con posibilidades de estabilidad y futuro la solución de los importantes temas nacionales, como son la institucionalización de las peculiaridades

---

117. Lavilla, Landelino (2017): *Una historia para compartir...*, *op.cit.*, p. 253.

regionales como expresión de la diversidad de pueblos que constituyen la unidad del Reino del Estado; el sistema de relaciones entre el Gobierno y las Cámaras legislativas; la más profunda y definitiva reforma sindical, o la creación y funcionamiento de un órgano jurisdiccional sobre temas constitucionales o electorales. [...] Por todo lo expuesto, las modificaciones que se contienen en esta Ley se ciñen estrictamente a los mínimos pero necesarios aspectos exigidos por un auténtico proceso democrático, el respeto a la legalidad y la sumisión a la voluntad final de los españoles, que ha de constituir su último y permanente fundamento[118].

Definida la ley, antes de su tramitación por las instituciones correspondientes se consideraba crucial contar con el respaldo del ejército para contener cualquier reacción crítica que pudiera surgir en el mundo castrense. Aconsejado por Osorio, Suárez presentó el texto al Consejo Superior del Ejército en una reunión celebrada el 8 de septiembre. En dicho encuentro, el presidente realizó una exposición tranquilizadora de la reforma para disipar las dudas y temores de los militares[119]. Asumida la propuesta gubernamental por los principales mandos de las Fuerzas Armadas, el 10 de septiembre el texto de la Ley para la Reforma Política fue aprobado por el consejo de ministros. Esa misma tarde, Suárez compareció en televisión para explicar su significado y relevancia, señalando cómo, con dicha ley, se iniciaba un proceso de reforma que «se hará desde el imperio de la Ley y con la firmeza necesaria para impedir el desorden», el cual permitiría «convertir en realidad lo que ya dije en otra ocasión: elevar a la categoría política de normal

118. AGA, Presidencia, Consejo Nacional del Movimiento, c.10060.

119. Las principales críticas militares procedieron del entonces vicepresidente, el general Fernando de Santiago. Sus diferencias con la reforma propugnada por el Gobierno provocaron su sustitución por el general Manuel Gutiérrez Mellado el 23 de septiembre. Puell de la Villa, Fernando (2019): *Gutiérrez Mellado y su tiempo (1912-1995)*. Madrid, Alianza, p. 325.

lo que a nivel de calle es simplemente normal»[120]. A sumarse a ese proyecto llamó al conjunto de la comunidad nacional, concebida como depositaria de la auténtica soberanía, puesto que «el futuro no está escrito, porque solo el pueblo puede escribirlo»[121].

La tramitación de la ley

Una vez conocido el contenido del proyecto, las reacciones no se hicieron esperar entre los círculos de la oposición rupturista. El mayor alcance que este parecía ofrecer frente a las limitaciones de la reforma Arias-Fraga provocó una división de pareceres. Entre las filas democristianas, Joaquín Ruiz-Giménez manifestó su confianza en la viabilidad del proyecto a la espera de mayores garantías para la participación de la oposición, mientras que su compañero José María Gil-Robles mostró un claro escepticismo respecto al compromiso gubernamental con el proceso democratizador[122]. Desde el PSP, Enrique Tierno Galván y Raúl Morodo declararon situarse en una cautelosa expectativa al asegurar que su auténtica preocupación residía en las condiciones democráticas indispensables del proceso electoral que surgiera de esa reforma. Más crítico, el PSOE de Felipe González rechazó el texto dado el carácter unilateral de su elaboración al no haber contado con los partidos de la oposición. Principalmente criticó la imposición de la monarquía como forma del Estado y que no se hubiera debatido la composición y normativa de las futuras Cortes, alegando que tras ello existía un intento gubernamental de favorecer a la dere-

---

120. En: «Mensaje del presidente Adolfo Suárez», en Sánchez, Ángel José (1998): *La transición española en sus documentos*. Madrid, Centro de Estudios Políticos y Constitucionales, pp. 317-314.
121. *Informaciones*, 16-IX-1976.
122. *Ídem*.

cha[123]. Desde el PCE también criticaron lo que percibían como «una ley impositiva» que no había contado con la oposición y que, además, eludía cualquier referencia al inicio de un posible proceso constituyente. Todo ello llevaba a que, desde las filas comunistas, se negaran a reconocer la autenticidad de la alternativa democrática promovida por Suárez, declarando su confianza en que ese proyecto nunca llegaría a puerto. La pluralidad de opiniones en el seno de la oposición provocó que la Platajunta no lograse acordar un texto colectivo hasta el 18 de septiembre que, si bien insistía en la estrategia rupturista, generó descontento entre los sectores más moderados. Cuando el 25 de septiembre Coordinación Democrática publicó el denominado «documento de Valencia», su reivindicación de formar un gobierno de amplia coalición para implantar la ruptura despertó discrepancias. Los sectores más pactistas, capitaneados por Enrique Tierno Galván y Joaquín Ruiz-Giménez, consideraban que, evidenciado el control de Suárez sobre la nueva realidad, la estrategia de la oposición debía reorientarse hacia un intento por condicionar la reforma y maximizar el alcance del proyecto democratizador del Gobierno[124]. Tras intensos debates durante las primeras semanas de octubre, al final logró imponerse la idea de rebajar sus propósitos y plantear un programa más negociable con el ejecutivo. Los principales partidos habían comenzado a renunciar a las líneas definitorias de la vía rupturista.

Si bien a Suárez podía preocuparle la actitud de la oposición, en esos momentos su principal atención se centraba en las instituciones del régimen que debían tramitar la reforma, marco donde el continuismo todavía tenía gran fortaleza. El 14 de septiembre se hizo llegar al Consejo Nacional del Movimiento el antepro-

---

123. *Ídem.*
124. Muñoz, Gustavo (2008): «Una derrota dulce: el intento de la oposición...», *op.cit.*, pp. 112-114.

yecto de Ley para la Reforma Política con el objetivo de que, al igual que había sucedido con los borradores de Fraga, elaborasen el dictamen oportuno antes de su paso por las Cortes, el cual sería preceptivo, pero no vinculante. Su redacción quedó a cargo de una ponencia de la sección primera del Consejo, la cual estuvo formada por personas próximas al entorno gubernamental[125]. El informe elaborado se caracterizó por un tono eminentemente descriptivo de la propuesta del Gobierno, con escasas matizaciones a un proyecto de ley que decían percibir como la evolución lógica del régimen. Sin embargo, los debates en el seno de la sección primera derivaron en un dictamen con un mayor número de recomendaciones, todas ellas dirigidas a limitar el alcance del cambio. Entre las demandas recogidas en el dictamen final constaron la petición una mención expresa a la continuidad con el proyecto iniciado el 18 de julio, la eliminación de la referencia al carácter soberano de la voluntad popular, la mayor precisión en la definición del ámbito territorial de las elecciones o la diferenciación en la duración de los mandatos del Congreso y el Senado. Igualmente se introdujo la petición de especificarse que elementos como la forma monárquica del Estado, la unidad de España y los valores supremos de la patria no podrían cuestionarse en una hipotética reforma constitucional[126]. No obstante, las principales críticas se focalizaron en el preámbulo. Para Gonzalo Fernández de la Mora, este debía «suprimirse en su totalidad por sus errores de fondo y forma», mientras que José Utrera Molina consideró que «su filosofía es contradictoria con la esencialidad política del Estado del 18

---

125. Los miembros que formaron parte de la ponencia encargada de redactar el informe fueron Francisco Abella, Julio Gutiérrez Rubio, Eduardo Navarro, José Miguel Ortí Bordás y Baldomero Palomares.

126. En: «Informe del Consejo Nacional del Movimiento», en Sánchez, Ángel José (1998): *La transición española en sus documentos*. Madrid, Centro de Estudios Políticos y Constitucionales, pp. 322-332.

de julio»[127]. Aún más contundente, Antonio Pedrosa Latas aludió a «los términos equívocos» del preámbulo, pues «parece inspirado más en una ruptura constitucional que en una reforma política. [...] Ofrece un cierto tufillo de revancha y constituye, en suma, toda una repulsa de la obra de Franco, [...] un régimen que durante cuarenta años nos proporcionó la paz»[128]. Por todo ello, el informe del Consejo acabó por indicar que, en caso «de mantenerse la necesidad del preámbulo, su redacción debe matizarse»[129].

El 8 de octubre, el pleno del Consejo Nacional se reunió en la que sería su última sesión, con la asistencia inicial de los representantes gubernamentales. Adolfo Suárez –como jefe del Gobierno y presidente del Consejo– tomó la palabra para pronunciar un breve discurso apelando a las bases generales de la reforma, el cuál fue recibido con frialdad por la mayoría de los presentes. Tras su intervención, levantó la sesión y abandonó el Consejo junto a la mayoría de los ministros. La presencia gubernamental quedó reducida a Ignacio García –como Secretario General del Movimiento y vicepresidente del Consejo–, Rodolfo Martín Villa, Marcelino Oreja y Gabriel Pita da Veiga, algo que acrecentó la desconfianza y el descontento de los sectores más inmovilistas. El pleno continuó entonces con una breve intervención de la ponencia exponiendo las líneas principales del texto, tras lo cual tomó la palabra Gonzalo Fernández de la Mora. Pese a declarar su apoyo «sin reservas a favor de una reforma política», presentó una última serie de enmiendas dirigidas a garantizar la continuidad del Consejo del Reino y modificar la composición del Senado, de forma que este representara los intereses económicos, sociales, cultura-

---

127. AGA, Presidencia, Consejo Nacional del Movimiento, caja 10060.
128. AGA, Presidencia, Consejo Nacional del Movimiento, Libros de Sesiones, libro 937.
129. En: «Informe del Consejo Nacional del Movimiento»…, *op.cit.*

les y profesionales. Tras alguna negociación con la ponencia, se accedió a incluir entre las recomendaciones la posibilidad de un Senado corporativo[130]. Definido ya el conjunto del dictamen, este fue aprobado por el Consejo Nacional con 80 votos a favor, 13 votos en contra y 6 abstenciones. De todas las demandas realizadas, el Gobierno solo accedió a la supresión del preámbulo, pues, según Lavilla, «lo cierto es que nosotros, a la vista del informe del Consejo Nacional, de los problemas que podía haber, decidimos mandar a las Cortes el proyecto sin exposición. ¿Por qué? Pues por la sencilla razón de que a nosotros nos interesaba sacar la parte dispositiva, los articulados, y la parte expositiva se prestaba a unos debates inacabables»[131]. El conjunto del informe fue incorporado como mera documentación adjunta al anteproyecto de ley, que entonces iniciaba un reto mayor: la aprobación por parte de los procuradores franquistas.

El 15 de octubre, el Gobierno remitió el proyecto de ley a las Cortes. Días después, el 20 de octubre, Fernández-Miranda compareció en rueda de prensa para anunciar una cierta revisión del procedimiento de urgencia, por el cual flexibilizó las condiciones que regulaban las intervenciones de los procuradores, aunque reservándose la facultad de cerrar el debate cuando estas se mostraran reiterativas o inútiles con el mero propósito de la obstrucción legislativa[132]. Así mismo, declaró que la votación sería nominal, puesto que «el pueblo debe saber cuál es la actitud de sus representantes», y que las abstenciones serían valoradas como votos en contra, algo con lo que pretendía evitar cualquier ambigüedad en

---

130. La enmienda de Gonzalo Fernández de la Mora fue aceptada por el conjunto del pleno con 63 votos a favor, 18 en contra y 18 abstenciones.

131. Alonso-Castillo, Silvia (1996): *La apuesta del centro. Historia de la UCD*. Madrid, Alianza, p. 114.

132. *El País*, 21-X-1976.

el posicionamiento de los procuradores[133]. A modo de amenaza velada advirtió que, si bien las Cortes no podían disolverse, sí que podía suspenderse la prórroga de la que estas disfrutaban. Igualmente, anunció la configuración de una ponencia «heterogénea y equilibrada» que, afín al parecer del Gobierno, se encargaría de realizar el oportuno dictamen sobre la ley. Sus representantes fueron Fernando Suárez (antiguo ministro y, en esos momentos, procurador de libre designación), Belén Landáburu (consejera nacional, procuradora familiar y representante de la Sección Femenina), Noel Zapico (procurador en Cortes por el Sindicato Vertical), Lorenzo Olarte (representante del tercio local) y Miguel Primo de Rivera (consejero nacional y procurador por libre designación, a lo que sumaba el valor simbólico de su apellido)[134]. Desde ese momento, las Cortes abrían la posibilidad de que sus diferentes procuradores presentaran enmiendas al texto.

Mientras las Cortes iniciaban la tramitación del proyecto de ley, el Gobierno emprendió una prolífica labor de contactos con los diferentes integrantes de la cámara. En esta acción, los miembros del ejecutivo hicieron uso de sus vínculos personales, profesionales o territoriales para tratar de convencer al mayor número de procuradores de su voto favorable hacia la reforma. El propio Suárez, para facilitar los apoyos, celebró junto con su vicepresidente Osorio diferentes reuniones con dirigentes de algunas de las asociaciones políticas constituidas en el seno del régimen y que contaban con representación en las Cortes. A modo de ejemplo, recibieron a Manuel Cantarero del Castillo, de Reforma Social Española, quien aseguró el apoyo de sus procuradores; a Luis An-

---

133. *Informaciones*, 21-X-1976.
134. Pérez, María Isabel (2008): «La ley para la reforma política: el camino hacia la democracia», en Navalejas, Carlos y Iturriaga, Diego (eds.): *Crisis, dictaduras, democracia*. Logroño, Universidad de la Rioja, p. 357.

gulo, de Unión Democrática Española, que también se mostró favorable a un apoyo sin matices; o a Enrique Thomas de Carranza y Salvador Serrats, de la Asociación Nacional para el Estudio de los Problemas Actuales (ANEPA), quienes aceptaban el texto aunque con ciertos reparos a parte del contenido[135]. En otros casos, el encuentro se cerró con un resultado negativo, y en su reunión con Raimundo Fernández-Cuesta, Manuel Valdés y Agustín Aznar, del falangista Frente Nacional Español, estos hicieron patente su frontal oposición hacia cualquier tipo de reforma que conllevara el fin del régimen nacido el 18 de julio[136].

Más importante aún resultaba para el Gobierno la actitud de los principales grupos parlamentarios que se habían comenzado a constituir en la cámara, cuyas cabezas visibles también fueron recibidas por Suárez. Se mantuvieron conversaciones, en busca de su apoyo, con personas como Rafael Díaz-Llanos, presidente del Grupo Acción Institucional, que, compuesto por consejeros nacionales vinculadas al búnker, mostró su rechazo inicial a la reforma[137]. Más favorable se mostró Alberto Jarabo Payá, presidente del Grupo Parlamentario Independiente que, formado por reformistas azules, declaró su predisposición a apoyar el proyecto gubernamental[138]. También se reunió con miembros del Grupo Laboral-Democrático, constituido por representantes sindicales contrarios a la reforma por suponer la desaparición de la presencia sindical en las Cortes. Consciente de su poder, Osorio trató la cuestión con el ministro de Relaciones Sindicales, Enrique de la Mata, quien decidió enviar a la mayoría de sus integrantes al VI Congreso Iberoamericano de Seguridad Social que, celebrado en Panamá, coincidía con la

---

135. *La Mañana*, 10-IX-1976. *La Vanguardia*, 9-IX-1976.
136. *Informaciones*, 9-X-1976.
137. *Informaciones*, 21-X-1976.
138. *Ídem*.

votación de la ley, lo que permitió librarse de un nutrido grupo de procuradores contrarios a la reforma[139]. Pero el mayor interés del Gobierno pasaba por conseguir el apoyo del recién creado Grupo parlamentario de Alianza Popular, agrupación nacida en torno a la asociación del mismo nombre que había apadrinado Manuel Fraga tras su salida del Gobierno. La importancia de Alianza Popular (AP) radicaba en su elevada proyección –en ella convergieron diferentes exministros franquistas– y su importante implantación en las Cortes, donde su agrupación parlamentaria había conseguido atraer alrededor de 200 procuradores que, pese a sus claras convicciones franquistas, ante el temor a que la reforma fuese aprobada con un perfil demasiado «progresista», prefirieron participar en ella condicionando su contenido. La proyección de dicha agrupación llevó a que Suárez recibiera a su principal promotor, Manuel Fraga –quien, sin embargo, no era procurador en Cortes– y a sus más importantes representantes en la cámara, los exministros Cruz Martínez Esteruelas, Laureano López Rodó, Federico Silva, Licinio de la Fuente y Gonzalo Fernández de la Mora. Aunque todos ellos mostraron su posición favorable a la aprobación del texto, también evidenciaron el propósito de presentar toda una serie de enmiendas que condicionaran su contenido[140].

La fecha de presentación de enmiendas finalizó el 31 de octubre. Aunque se registraron un total de 83, solo se admitieron como válidas 19 de ellas, es decir, aquellas que venían avaladas por, al menos, diez procuradores[141]. Del total de las enmiendas, tres fueron a la totalidad, teniendo dos de ellas un carácter continuista –presentadas por Blas Piñar y José María Fernández de la Vega– mientras otra demandaba un mayor alcance de la reforma

---

139. Magaldi, Adrián (2022): *El arte de perder...*, *op.cit.*, p. 282.
140. Sánchez-Cuenca, Ignacio (2014): *Atado y mal atado...*, *op.cit.*, p. 275.
141. *ABC*, 18-XI-1976.

–presentada por Manuel María Escudero Rueda–. Estudiadas por los miembros de la ponencia, estos presentaron el 11 de noviembre su informe, rechazando las enmiendas a la totalidad y apenas incorporaron alguna ligera sugerencia, como la obligatoriedad del referéndum para toda reforma constitucional o la actuación de la comisión mixta Congreso-Senado también para los desacuerdos entre ambas cámaras sobre las leyes ordinarias. Sobre el sistema electoral, para el Congreso se apostó por un modelo proporcional con dispositivos correctores que evitaran la «excesiva fragmentación de la cámara», y para el Senado el previsto sistema mayoritario de base territorial, aunque instaba a tener en cuenta la singularidad de las provincias insulares[142]. Lo más significativo fue la incorporación al informe de la enmienda presentada por José Luis Meilán, por la cual se incluía en el artículo primero un apartado en el que se indicaba que «los derechos fundamentales son inviolables y vinculan a todos los órganos del Estado»[143]. Asumidas las recomendaciones del informe por el Gobierno, el pleno fue convocado entre los días 16 y 18 de noviembre.

Antes de celebrarse la reunión de las Cortes, ciertos sectores de la oposición realizaron un último intento por presionar al Gobierno. La iniciativa corrió a cargo de la Coordinadora de Organizaciones Sindicales (COS), plataforma aglutinante de los principales sindicatos antifranquistas que había nacido en julio de 1976 con un propósito de unidad de acción similar al desarrollado por los partidos políticos en la Platajunta[144]. Debido a la difícil coyuntura

142. En: «Informe de la Ponencia», en Sánchez, Ángel José (1998): *La transición española en sus documentos*. Madrid, Centro de Estudios Políticos y Constitucionales, pp. 335-351.

143. *Ibídem*, p. 340.

144. Marín, José María (1996): «La Coordinadora de Organizaciones Sindicales (COS): una experiencia de unidad de acción sindical durante la transición», en *Espacio, tiempo y forma. Historia contemporánea*, nº 9, pp. 295-314.

económica que atravesaba el país, la COS convocó una huelga general para el 12 de noviembre, celebrándose así a las puertas del debate en Cortes sobre la Ley para la Reforma Política. Aunque nacida con evidentes reivindicaciones laborales, tras aquella jornada subyacía un trasfondo político en el que sectores procedentes de las filas rupturistas, principalmente Comisiones Obreras, pretendían realizar un último intento por evidenciar su fortaleza como instrumento de presión al Gobierno[145]. Sin embargo, la convocatoria resultó un fracaso debido a dos motivos. En primer lugar, el desarrollo de toda una labor preventiva por parte de las fuerzas del orden público contra los posibles «piquetes de extensión de huelga», por lo que fueron arrestados diversos líderes obreros de las grandes ciudades con la pretensión de neutralizar los centros neurálgicos de la protesta[146]. En segundo lugar, debe tenerse en cuenta que esa misma sociedad que se había movilizado durante el primer gobierno de la monarquía frente al modelo de «cambio controlado» Arias-Fraga, parecía más dispuesta a asumir el nuevo modelo de reforma defendido por Suárez, desvinculándose así de la incertidumbre de una salida rupturista cuya viabilidad quedó definitivamente sepultada[147].

La sesión de Cortes dirigida a debatir la Ley para la Reforma Política se inició el martes 16 de noviembre en un ambiente de especial expectación. Tras una intervención protocolaria de Torcuato Fernández-Miranda, comenzó la tramitación del texto. El primero en tomar la palabra fue Miguel Primo de Rivera, quien

---

145. Ariza, Julián (2022): *El precio de la libertad. Recuerdos de un antifranquista*. Madrid, Catarata, p. 137.

146. Baby, Sophie (2018): *El mito de la transición pacífica. Violencia y política en España (1975-1982)*. Madrid, Akal.

147. Saz, Ismael (2011): «Y la sociedad marcó el camino. O sobre el triunfo de la democracia en España (1969-1978)», en Quirosa-Cheyrouze, Rafael (coord.): *La sociedad española en la Transición*. Madrid, Biblioteca Nueva, p. 40.

se encargó de presentar el informe realizado por la ponencia. En su intervención hizo una defensa de la reforma desde el respeto al pasado y a la figura de Franco, aunque precisó que la legalidad que había estado vigente durante cuarenta años era indispensable «sustituirla por otra autoridad política. Y no precisamente por la que cada uno, egoístamente, quiera ahora esgrimir. Sea la que sea, venga de donde venga, la pongo en duda. Quiero que el pueblo español me lo diga. Es precisamente ahora la hora de la consulta»[148]. Tras su alegato en favor del proyecto, tomaron la palabra los tres procuradores que habían presentado enmiendas a la totalidad. En primer lugar intervino Manuel María Escudero Rueda, quien pese a defender un mayor alcance del cambio, transmitió que no obstaculizaría el proceso, pues «opino que cuanto antes el pueblo debe hablar; por eso este procurador esta tarde se calla, para no entorpecer el camino»[149]. Mayor impacto y dureza tuvieron las intervenciones de los otros dos enmendantes a la totalidad. Blas Piñar tomó la palabra para mostrar su rechazo a un proyecto que «no perfecciona el ordenamiento constitucional vigente, sino que se halla en contradicción con los principios doctrinales» del mismo al traicionar «la filosofía política del Estado que surgió de la Cruzada». Según apuntó, «esta Reforma, tal y como la quiere el Gobierno [...], no es de verdad una Reforma, es una Ruptura», puesto que con ella se procedería a «la liquidación de la obra de Franco»[150]. Con un tono más duro, José María Fernandez de la Vega se lamentaba recordando que «todo estaba atado y bien atado. Atado con nudo insalvable para esa misérrima oposición que, con su resentimiento a cuestas, ha recorrido durante cuarenta años

---

148. Diario de sesiones de las Cortes Españolas, nº 29, sesión celebrada los días 16, 17 y 18 de noviembre de 1976, p. 6
149. *Ibídem*, p. 11.
150. *Ibídem*, p. 13.

el camino de las cancillerías europeas denunciando el pecado de la paz y del progreso de España»[151]. A continuación, criticó con firmeza las «traiciones» cometidas por aquellas figuras procedentes del régimen que estaban abriendo el camino a una democracia liberal mediante una ley que representaba todo aquello frente a lo que «el 18 de julio España se puso en pie»[152]. Presentadas las tres enmiendas, Fernando Suárez intervino en nombre de la ponencia para dirigirse a los enmendantes continuistas, a quienes pidió que no tratasen «de demostrarnos que para ser leales a Franco haya que impedir en estos momentos que sea el pueblo de España, en el que Franco tanto confió, el que decida su propio destino»[153]. Según indicó en una apelación directa a Fernández de la Vega, «los orígenes dramáticos del actual Estado estaban abocados, desde sus momentos germinales, a alumbrar una situación definitiva de concordia nacional, una situación en la que no vuelvan a dividirnos las interpretaciones de nuestro pasado y en la que no sea posible que un español llame misérrima oposición a quienes no piensan como él», concluyendo entre aplausos con una referencia a la necesidad de «rebajar el concepto de enemigo irreconciliable al más civilizado y cristiano concepto de adversario político pacífico»[154]. Con aquellas intervenciones se cerró el primer día del debate, que proseguiría en la jornada siguiente con la presentación de las diversas enmiendas parciales.

En la sesión del 17 de noviembre, diferentes procuradores presentaron enmiendas al articulado, las cuales fueron respondidas por los otros tres representantes de la ponencia. Mayoritariamente recibieron escasa atención, siendo una de las que más interés

---

151. *Ibídem*, p. 21.
152. *Ibídem*, p. 24.
153. *Ibídem*, p. 30.
154. *Ibídem*, p. 31.

despertó entre sus compañeros la del viejo exministro falangista Raimundo Fernández-Cuesta. Este defendió la continuidad del modelo de democracia orgánica, aunque desde un tono comedido en comparación con la dureza mostrada la jornada anterior por otras figuras representativas del búnker. Según indicó, a pesar de su oposición a la reforma, «me alegraría que los hechos demostraran que mis ideas estaban equivocadas y, por lo tanto, que la aprobación de la Reforma Política que vais a votar trajera al pueblo español la paz, la justicia y la libertad, porque mis ideales políticos, por muy arraigados que estén, quedan siempre pospuestos al interés superior de España»[155]. Igual impacto tuvo la intervención de Emilio Lamo de Espinosa, que también reivindicó el modelo de democracia orgánica y demandó la incorporación de una disposición derogatoria que evidenciase el auténtico objetivo de aquella ley[156]. Otras muchas enmiendas se defendieron, en cambio, de forma rutinaria y con escaso eco, refiriéndose principalmente al sistema electoral. Desde los sectores del Sindicato Vertical, tanto Rafael Arteaga como Dionisio Martín solicitaron que se conservara un determinado cupo de diputados que representaran a los trabajadores, pues consideraban que, de lo contrario, solo tendrían representación quienes pudieran sufragarse la campaña electoral[157]. Rafael Clavijo, procurador por los cabildos de Tenerife, intervino para criticar la artificialidad de la circunscripción provincial en territorio insular, pidiendo que se otorgara un diputado y un senador a cada una de las islas menores canarias para garantizar su representación[158]. Desde las filas reformistas del

---

155. *Ibídem*, p. 82.
156. Para la intervención de Emilio Lamo de Espinosa: *Ibídem*, pp. 51-59.
157. Para la intervención de Rafael Arteaga: *Ibídem*, pp. 44-46. Para la intervención de Dionisio Martín: *Ibídem*, pp. 104-114.
158. Para la intervención de Rafael Clavijo: *Ibídem*, pp. 94-97.

Grupo Parlamentario Independiente, David Pérez Puga pidió extender el derecho de sufragio a todos los ciudadanos mayores de 18 años y garantizar el voto a los españoles emigrantes, mientras que su compañero José Luis Meilán solicitó aclarar los dispositivos correctores que se mencionaban para el sistema proporcional del Congreso[159]. En realidad, la auténtica tensión de esa jornada se desató a raíz de las enmiendas presentadas por Cruz Martínez Esteruelas, quien intervino en nombre del Grupo parlamentario de Alianza Popular, por lo que el Gobierno era totalmente consciente de la enorme fortaleza que tenía detrás.

Las principales enmiendas presentadas por Martínez Esteruelas se refirieron al futuro escenario electoral, para el cual demandó que la regulación de la ley electoral no recayera en el Gobierno sino en las Cortes, solicitando además que se estableciera un sistema mayoritario no solo para el Senado sino también para el Congreso. Junto a estas dos peticiones, Martínez Esteruelas esgrimió otras demandas en las que defendió una tramitación de las enmiendas de forma independiente al texto de la ley y la incorporación de una cláusula que estipulara la necesidad de referéndum como requisito de cualquier posible reforma constitucional[160]. En realidad, estas dos últimas demandas parecían tener un carácter puramente estratégico, dispuesto a relegarlas a cambio de que el Gobierno cediera en lo relativo al modelo electoral, factor que en realidad centraba las preocupaciones de Alianza Popular. En caso de que no se trataran esos temas deslizó la amenaza de que se estaría posicionando «a los procuradores en el trance de la abstención, teniendo en cuenta que no es lo mismo que obstrucción»[161].

---

159. Para la intervención de David Pérez Puga: *Ibídem*, pp. 72-76. Para la intervención de José Luis Meilán: *Ibídem*, pp. 114-119.
160. Para la intervención de Cruz Martínez Esteruellas: *Ibídem*, pp. 86-94.
161. *El País*, 17-XI-1976.

En esta coyuntura, y alarmados por la posibilidad de perder el control de la votación, el Gobierno acordó con Fernández-Miranda una suspensión temporal de la sesión. Reunidos en el despacho del presidente de las Cortes, trataron de buscar posibles salidas. La solución alcanzada pasó por la adopción de una «vía intermedia» basada en negociar con los aliancistas esos «dispositivos correctores» referidos a un sistema proporcional al que no parecían dispuestos a renunciar pues, entre otros motivos, era el modelo demandado por la oposición. Los dispositivos acordados consistieron en asumir la provincia como circunscripción electoral –posibilidad que ya se venía manejando–, elevar el número de senadores de 204 a 207 «a razón de cuatro por provincia y uno más por cada provincia insular», y estipular para el Congreso un número mínimo de diputados por provincia independientemente de su población, así como un determinado porcentaje de votos indispensable para conseguir representación. Estas incorporaciones otorgarían al sistema electoral un sesgo mayoritario sin abandonar la fórmula proporcional. A cambio, los aliancistas aceptaron que fuera el Gobierno el que regulara la definitiva normativa electoral[162]. Una vez que desde la agrupación de Alianza Popular se aceptaron tales términos, Suárez pidió a Osorio, ante el temor a que la oposición rechazara tales condiciones, que intentara contactar con alguno de sus representantes para conocer si estaban dispuestos a asumir la nueva fórmula. Osorio decidió consultarlo con el jurista Carlos Ollero, quien casualmente se encontraba reunido con los socialistas Felipe González y Alfonso Guerra. Tras un intercambio de impresiones, todos consideraron aceptable esa transacción con Alianza Popular, por lo que el texto pudo cerrarse[163].

---

162. En: «Texto del proyecto de ley y de la ley definitiva para la reforma política»…, *op.cit.*
163. Osorio, Alfonso (1980): *Trayectoria política…*, *op.cit.*, p. 242.

El jueves 18 tuvo lugar la última sesión, en la que todavía se esbozaron algunas enmiendas parciales que apenas tuvieron impacto al ya haber quedado cerradas las líneas definitorias de la ley para garantizar su aprobación. El debate se cerró con una intervención tranquilizadora del ministro de Justicia, Landelino Lavilla, quien transmitió cómo, «durante los últimos siglos, la vida política de España se ha caracterizado por una permanente discontinuidad. Una y otra vez, los españoles hemos tejido y destejido, y para construir partimos siempre de los escombros de nuestro pasado. Hoy podemos ensayar otra manera de hacer Historia: avanzar con paso firme sobre lo ya adquirido. Hacer posible esta feliz novedad de la Historia de España es la finalidad que pretende la ley que os proponemos»[164]. Concluido el debate, Torcuato Fernández-Miranda anunció que se procedería a realizar dos votaciones, una primera relativa a la incorporación de las enmiendas acordadas con Martínez Esteruelas sobre el sistema electoral, y una segunda en la que se votaría el texto de la ley con las enmiendas incorporadas en caso de que fueran aceptadas. En la primera votación, que no fue nominal, las enmiendas fueron aprobadas al registrarse tan solo 2 votos en contra y 57 abstenciones. En la segunda votación, en la cual los miembros de las Cortes votaron el texto definitivo, cada uno de los 497 procuradores presentes ese día –de un total de 531– pronunció su voto, dejando un resultado que se cerró con 425 votos a favor, 59 en contra y 13 abstenciones. Tras aquella votación, Fernández-Miranda cerró la sesión con un histórico «el proyecto de ley ha sido aprobado»[165]. Lo cierto era que, con aquel resultado, las Cortes franquistas se acababan de hacer el *harakiri*. Para los analistas no dejó de resultar llamativo que aquella cámara que ha-

---

164. Diario de sesiones de las Cortes Españolas, nº 29, sesión celebrada los días 16, 17 y 18 de noviembre de 1976, p. 198.
165. *Ibídem*, p. 207.

bía manifestado nítidos obstáculos al programa de reformas Arias-Fraga, diera en cambio luz verde a una reforma de mayor alcance. En aquella decisión influyó precisamente el hecho de tratarse de una reforma más nítida y directa vertebrada en torno a una única ley, la cual permitía sortear los riesgos del modelo fragmentado de Fraga al obligar a que los procuradores se coordinaran para reaccionar a la misma. Ante esta realidad, la inclinación hacia el voto favorable no tardó en producirse por dos razones: el compromiso de la Corona con un gobierno cuyo presidente había promovido el propio monarca y el temor a que esta fuera refrendada y quedaran marginados de la nueva realidad[166].

Aprobada por las Cortes, todavía quedaba pendiente su aprobación en referéndum, aunque era evidente que el paso más difícil se había superado. Al día siguiente de aquella histórica jornada, la votación de las Cortes capitalizó los titulares de los principales rotativos españoles. *Informaciones* abrió con el significativo «Victoria de la democracia», *ABC* se refirió a «Una victoria del sentido común», y *Diario 16* proclamó un significativo «Adiós, dictadura, adiós»[167].

La Ley, a referéndum

Apenas dos días después de que las Cortes aprobaran la Ley para la Reforma Política, se cumplió el primer aniversario de la muerte de Franco. Más allá de la ceremonia religiosa celebrada en el Valle de los Caídos, con presencia gubernamental, la fecha pasó mayoritariamente inadvertida. Era evidente que, en apenas

---

166. Sánchez-Cuenca, Ignacio (2014): *Atado y mal atado…*, *op.cit.*, pp. 268-270.

167. *Informaciones*, 19-XI-1976. *ABC*, 19-XI-1976. *Diario 16*, 19-XI-1976.

un año, el país había experimentado un significativo cambio a través de su camino hacia la democracia.

El 23 de noviembre, el Gobierno anunció que el referéndum sobre la Ley para la Reforma Política tendría lugar el miércoles 15 de diciembre. Aunque en un primer momento habían pensado en celebrarlo en fin de semana, al final se optó por un día laborable puesto que, teóricamente, esto facilitaba una menor abstención[168]. La pregunta a la que tendrían que responder los cerca de 23 millones de españoles de más de 21 años que serían convocados era la siguiente: «¿Aprueba el proyecto de ley para la reforma política?». Para votar dispondrían de unas papeletas que llevarían impresa esa pregunta con las dos posibles respuestas: *sí* o *no*, aunque también existirían papeletas con respuesta en blanco. De forma paralela se iniciaron los trámites para la constitución de las mesas electorales y se anunció la posibilidad de presentar interventores por parte de aquellas asociaciones políticas ya legalizadas, así como por otros ciudadanos que lo quisieran solicitar. El Gobierno, deseoso de una alta participación, incentivó el voto de los españoles residentes en el extranjero, por lo que anunció que la compañía Iberia rebajaría sus tarifas en un 60 % para los emigrantes que acudiesen a España para votar[169]. Todas estas disposiciones quedaron recogidas en un real decreto publicado el 24 de noviembre. Con todo dispuesto, quedó constituida una comisión interministerial para el referéndum a cuyo frente se situó a José Miguel Ortí Bordás, por entonces subsecretario de Gobernación. Desde el seno de dicha comisión se puso en marcha la campaña para el referéndum, movidos sus in-

---

168. *El País*, 24-XI-1976.

169. Según indicaba la normativa, el viaje debería realizarse en los seis días previos al referéndum, y el regreso a los dos días siguientes. Además, los pasajeros deberían presentar en el viaje de vuelta el volante que acreditase haber votado. *El País*, 25-XI-1976.

tegrantes por el temor a una abstención lo suficientemente elevada
como para deslegitimar el resultado, ya que, según datos internos,
a finales de noviembre tan solo un 66 % de la población votaría
con total seguridad[170]. Eso llevó a que la campaña gubernamental
se centrara en una apelación al voto bajo los eslóganes «Infórmate bien, y vota», «Tu voz es tu voto» o «Si quieres la democracia,
vota», los cuales se reprodujeron a través de vallas en exteriores,
autobuses, cuñas radiofónicas o anuncios en televisión y prensa.
Tras una primera fase centrada en crear una conciencia en favor
de la participación, se evolucionaría hacia otra campaña llamada a
propugnar un voto positivo bajo el lema «¡Habla, pueblo, habla!»,
convertida en canción bajo los acordes del grupo Vino Tinto:
«Habla, pueblo, habla, / tuyo es el mañana. / Habla y no permitas,
/ que roben tu palabra. / Habla, pueblo, habla, / habla sin temor.
/ No dejes que nadie, / apague tu voz». Durante esta segunda fase
incluso llegó a plantearse la idea de crear una mascota, al estilo de
las utilizadas con ocasión de las Olimpiadas y Mundiales, la cual
reclamaría la adhesión de los ciudadanos al proyecto de reforma,
idea que en el último momento fue desechada[171].

Constatada la inminente celebración de un referéndum en torno a dicho texto, la oposición hubo de pronunciarse al respecto. La
Plataforma de Organismos Democráticos –la cual había nacido a
finales de octubre tras la unión de la Platajunta con otros organismos de oposición subestatales– decidió propugnar la abstención.
Según declaró, esta sería la única posición posible si, antes del referéndum, no se cumplían una serie de condiciones. Entre estas
figuraba la legalización de todos los partidos y sindicatos; el pleno
reconocimiento de las libertades de expresión, reunión, asociación
y manifestación; la ampliación de la amnistía y el apoyo al libre

170. Magaldi, Adrián (2022): *El arte de perder…*, *op.cit.*, p. 286.
171. *El País*, 4-XII-1976.

retorno de todos los exiliados; la supresión del aparato político-administrativo del Movimiento; y una regulación que garantizase la participación de los partidos democráticos en el control de la consulta popular[172]. Dado que se consideraba imposible que el Gobierno asumiera dichas condiciones, la Plataforma de Organismos Democráticos anunció que la única alternativa válida era la abstención, generando ciertos recelos en los sectores más moderados, inclinados a centrar el debate en la normativa de las futuras elecciones. En todo caso, la abstención era la postura a la que se había visto forzada a ubicarse la mayoría de la oposición ante el rechazo a claudicar públicamente de su posición rupturista y un búnker lanzado a la campaña bajo el lema «Franco hubiera votado no». El más crítico de entre todos los partidos opositores fue el PSOE que, a pesar de aceptar en privado la inevitabilidad de la vía reformista, pareció dispuesto a aprovechar hasta la última oportunidad de mostrar la fortaleza de los sectores de origen rupturista. Según declaró Felipe González, «la única solución para los que queremos una democracia limpia es abstenerse en el referéndum»[173]. De este modo, el 23 de noviembre el PSOE envió a la comisión política del Parlamento Europeo una solicitud de apoyo a la oposición y de rechazo al proyecto reformista propugnado por el Gobierno. Con el objetivo de frenar cualquier posible traba, el vicepresidente Osorio contactó con Maurice Faure –interlocutor entre las instituciones europeas y el gobierno español– para pedirle que obstaculizara la tramitación de esa solicitud, encargo solventado sin dificultad pues, el 2 de diciembre, los parlamentarios europeos mostraron su rechazo al requerimiento socialista[174].

---

172. *Arriba*, 19-XI-1976.
173. *El País*, 25-XI-1976.
174. Powell, Charles (1994): «La dimensión exterior de la transición política española», en *Revista del Centro de Estudios Constitucionales*, nº 18, p. 100

Decididos a hacer frente a la abstención, el Gobierno desplegó todo un programa de actuaciones diseñado en dos grandes direcciones. Por un lado, se planteó la participación de los ministros en diversos actos celebrados por todo el país –desde conferencias a inauguraciones de obras públicas–, los cuales serían utilizados para promocionar la reforma. Según documentos internos, se debía «procurar la más racional distribución de presencias ministeriales sobre el territorio», para lo cual, los gobernadores civiles deberían transmitir a los distintos departamentos ministeriales las actividades que podían generar una mayor atención de la población[175]. Por otro lado, se apuntó al desarrollo de una campaña de simpatía a través de los medios de comunicación estatales con imágenes, «desde oficiales a familiares», de los diferentes miembros del Gobierno «para dar sensación cordial y no solemne», de forma que pudieran generar una cierta cercanía entre los votantes y despertar posibles apoyos hacia los propósitos gubernamentales[176]. Al final, se consideró preferible no vincular de una forma tan clara el voto afirmativo con el Gobierno, por lo que se prefirió realizar una campaña televisiva en que se dejara espacio a los partidos legalizados, así como a destacadas personalidades de la vida pública, para que estas dieran a conocer su opinión sobre el referéndum. La selección de los participantes fue estratégicamente realizada, pues si por un lado se dio amplia cobertura a miembros del búnker –cuyo discurso radical contra la reforma podía provocar el efecto contrario–, también se permitió la aparición de los escasos partidos de la oposición moderada ya legalizados. Por primera vez, el pueblo español tendría ocasión de contemplar a través de Televisión Española la pluralidad de posturas defendidas ante la convocatoria del referéndum.

175. Magaldi, Adrián (2022): *El arte de perder…*, *op.cit.*, p. 288.
176. *Ibídem*, p. 180.

Durante los días previos a la consulta, más de una treintena de personalidades aparecieron en televisión para exponer las razones de su posición respecto a la reforma. Un especial protagonismo tuvo la intervención de los representantes de las asociaciones políticas nacidas en el seno del régimen. La mayoría mostraron su posición a favor de la ley. En nombre de Alianza Popular, Manuel Fraga recomendó el voto favorable que él mismo iba a depositar «por lealtad a España, al rey, al pasado, al futuro y a mí mismo»[177]. También Miguel Ramírez, de ANEPA, pidió el voto favorable a un texto que «es una opción clara hacia la democracia», mientras que Alberto Monreal, de Unión Democrática Española, pidió votar a favor para legitimar democráticamente una ley que abriría la puerta a la representatividad y a la convivencia[178]. También intervinieron personalidades vinculadas a asociaciones políticas que pidieron el voto en contra desde un discurso cuyas resonancias franquistas evidenciaban su anclaje en el pasado. Blas Piñar intervino como representante de Fuerza Nueva para pedir un voto negativo e impedir «la sustitución del Estado nacional en el que España ha vivido en paz y en progreso por el Estado liberal, origen de todas nuestras desgracias y antesala del comunismo»[179]. Eran esas resonancias de un discurso guerracivilista que la mayoría de la sociedad quería dejar atrás, la razón por la que desde el Gobierno se consideraba que las intervenciones de figuras continuistas podían favorecer el éxito de la reforma. Por esa misma razón, también tuvieron su espacio Raimundo Fernández-Cuesta, que en nombre de Falange pidió el no para impedir la ruptura con la obra de Franco, y Ángel Maestro, de Acción Nacional, quien anunció que votaría en contra de una

---

177. *Ya*, 2-XII-1976.
178. *Pueblo*, 7-XII-1976. *Arriba*, 12-XII-1976.
179. *El Alcázar*, 3-XII-1976.

ley que «supone el abandono radical de las instituciones del régimen del 18 de julio»[180].

Junto a estas figuras, tuvieron su espacio algunos dirigentes procedentes de asociaciones antifranquistas que ya habían sido legalizadas y que, de forma mayoritaria, procedían de una oposición moderada poco crítica con el proceso seguido. Jesús Barros de Lis, dirigente de la Unión Demócrata Cristiana, solicitó el sí como paso necesario para llegar a unas elecciones libre, postura similar a la asumida por Antonio García López en nombre del Partido Socialista Democrático Español. Como portavoz del Partido Popular, Juan Antonio Ortega pidió votar a favor para facilitar la llegada de un gobierno auténticamente representativo, mientras que Fernando Chueca, del Partido Demócrata Popular, fue de las escasas voces que demandó la abstención[181]. Pese a todo, los grandes partidos políticos –todavía no reconocidos– carecieron de espacios televisivos, aunque algunos de sus representantes fueron selectivamente invitados dada la significancia de su figura. Joaquín Ruiz-Giménez pudo intervenir para pedir que cada cual votara en conciencia, y Manuel Murillo, secretario general del PSOE-histórico –contrario a la directiva de Felipe González– apareció en televisión pidiendo el voto favorable a un referéndum que consideraba fruto de las presiones del pueblo español para alcanzar su libertad y la paz[182]. Otras personalidades a las que se dio espacio fueron conocidas figuras de la sociedad civil, como Cristina Guisasola, representante de las amas de casa, que pese a desear un mayor alance declaró su apoyo al texto; Torcuato Luca de Tena, presidente de *ABC*, que mostró su posición favorable a una ley que permitiría la reconciliación de las dos Españas; o José Mario Armero, presiden-

---

180. *Ya*, 7-XII-1976. *Pueblo*, 10-XII-1976.
181. *Ya*, 2-XII-1976. *Arriba*, 5-XII-1976. *Pueblo*, 11-XII-1976.
182. *Arriba*, 12-XII-1976. *Pueblo*, 11-XII-1976.

te de la agencia *Europa Press*, quien aseguró estar deseando votar en favor de una ley que abriría las puertas al futuro[183].

La campaña del referéndum se vio en cambio sacudida por un factor inesperado surgido el 11 de diciembre, fecha en que el entonces presidente del Consejo de Estado, el exministro José María de Oriol y Urquijo, fue secuestrado por miembros del GRAPO (Grupos de Resistencia Antifascista Primero de Octubre). Desde el primer momento, Suárez trató de establecer contactos con algunos interlocutores de la banda en el extranjero, pero, por el momento, no se consiguió su libertad y Oriol continuó secuestrado durante dos meses[184]. Pero, en aquellos momentos, para el Gobierno también era fundamental asegurarse que dicho acto no afectara al referéndum, por lo que Suárez decidió asumir personalmente una posición más beligerante en la campaña y solicitar de forma abierta el «Sí». El 14 de diciembre preparó junto a su vicepresidente Alfonso Osorio, y en compañía de Rafael Ansón –director general de RTVE– y Aurelio Delgado –jefe de la secretaría particular del presidente–, una intervención televisiva en la que pediría el respaldo a la Ley para la Reforma Política. En su discurso, manifestó que, a pesar de todas las dificultades, quería garantizar «que el Gobierno está firmemente decidido a continuar su andadura, porque espera encontrar el apoyo de la mayor parte del pueblo para conseguir que todos los españoles puedan seguir caminando hacia el futuro, no solo sin sentirse heridos, sino con la frente alta y la conciencia bien limpia»[185]. Según afirmó, era necesaria la solidaridad colectiva con el proyecto de reforma a tra-

---

183. *Pueblo*, 11-XII-1976.
184. Antonio Mario de Oriol sería liberado el 11 de febrero de 1977 tras una intervención del Cuerpo General de Policía.
185. Suárez, Adolfo (1978): *Un nuevo horizonte para España discursos del Presidente del Gobierno, 1976-1978*. España, Presidencia del Gobierno, p. 52.

vés de un voto afirmativo porque «nadie, salvo el pueblo en su conjunto, como dueño de sus destinos, tiene autoridad para dirigir el cambio»[186]. Con un cierto tono de esperanza, Suárez cerró su intervención declarando: «mañana comienza, si su voto es afirmativo, una nueva etapa histórica basada en la soberanía popular. Vamos a abrir la puerta al mandato del sentido común con rigor, con realismo, pero también con ilusión, porque estoy firmemente convencido de que es posible la consolidación en paz de este gran pueblo que se llama España. Ustedes tienen la palabra»[187].

El 15 de diciembre tuvo lugar el referéndum, quedando abiertas las mesas electorales entre las 9 de la mañana y las 8 de la tarde. La jornada se desarrolló sin incidentes y la televisión informó de forma progresiva sobre su desarrollo, una amplia cobertura que permitió que aquella fuera la primera vez de la historia en que Radiotelevisión Española emitió de forma ininterrumpida durante 24 horas, al no cerrar su emisión en ningún momento. Llegada la noche, la mayor parte del Gobierno se reunió para seguir los resultados, con la única excepción de Rodolfo Martín Villa y Andrés Reguera, encargados de dar cuenta a los diferentes medios de comunicación de la evolución del escrutinio. Cuando se conocieron los datos de participación, cualquier temor del Gobierno quedó disipado, pues había acudido a votar un 77'72 % del censo electoral. De los votos emitidos, un 94'17 % lo hizo en sentido favorable, mientras los votos en contra tan solo alcanzaron un 2,56 % y los votos en blanco apenas un 2,97 %[188]. Según transmitió en su

---

186. *Ibídem*, p. 46.
187. *Ibídem*, p. 41.
188. Los datos totales reflejaban que, de un censo de 22.644.290, habían votado 17.599.562, de los cuales hubo 16.573.180 votos afirmativos, 450.102 votos en contra, 523.457 papeletas en blanco y 52.823 votos nulos. Resultados del referéndum sobre el proyecto de Ley para la Reforma Política, de 15 de diciembre de 1976.

rueda de prensa el ministro Martín Villa, «la masiva participación de los españoles en el referéndum nos permite abrigar la esperanza de que la nueva etapa histórica que se abre para España nace firmemente asentada sobre la madurez política de su pueblo. La dialéctica de las votaciones como principio democrático legitimador ha prevalecido claramente [...]. El pueblo español ha votado con sentido de futuro por una España en paz»[189]. El proyecto reformista del Gobierno había triunfado.

Superados todos los trámites, la Ley para la Reforma Política fue sancionada por el rey el 4 de enero de 1977, día en que fue publicada en el Boletín Oficial del Estado. Desde ese momento, el camino hacia unas elecciones libres y democráticas quedaba legislativamente garantizado.

4. El camino hacia las urnas

Aprobada la Ley para la Reforma Política, el Gobierno presidido por Adolfo Suárez continuó avanzando en su camino hacia unas elecciones que reflejaran la plena democratización del país. Durante los siguientes meses, el ejecutivo aprobó diferentes reformas con las cuales quedó consolidada la transformación política. Entre ellas destacó la disolución del Tribunal de Orden Público –sustituido por la Audiencia Nacional–; la regulación definitiva de la libertad de prensa y los derechos de huelga y cierre patronal; o la disolución del Sindicato Vertical –con la consecuente libertad sindical– y del Movimiento Nacional, efectuada en la simbólica fecha del 1 de abril, aniversario del fin de la guerra[190]. Una importancia especial tuvo la negociación con la oposición de la

---

189. Prego, Victoria (1996): *Así se hizo la Transición...*, *op.cit.*, p. 596.
190. Powell, Charles (2001): *España en democracia...*, *op.cit.*, p. 181.

futura realidad electoral, establecida a través de la denominada Comisión de los Nueve, de la cual formaron parte los socialistas Felipe González y Enrique Tierno Galván, el comunista Santiago Carrillo –aunque su inicial situación irregular en España llevó a que, durante los primeros momentos, su presencia fuera sustituida por la de Simón Sánchez Montero–, el democristiano Antón Canyellas, el liberal Joaquín Satrústegui, el socialdemócrata Francisco Fernández Ordóñez, el catalanista Jordi Pujol, el nacionalista vasco Julio Jáuregui y el nacionalista gallego Valentín Paz Andrade. Incluso, con el tiempo, se incorporó un observador procedente del ámbito sindical, Marcelino Camacho[191]. Las negociaciones establecidas entre el Gobierno y dicho organismo se centraron en dos aspectos: la legalización de todos los partidos y la nueva ley electoral.

La legalización de los partidos había quedado establecida con la Ley de Asociaciones Políticas, la cual otorgaba al Ministerio de Gobernación la resolución de las solicitudes. La negativa de gran parte de las formaciones opositoras a «pasar por ventanilla», como fue habitual referirse a ese trámite, llevó a un decreto-ley de 8 de febrero de 1977 por el cual se modificó ese procedimiento. Desde ese momento, la legalización ya no dependería del criterio de Gobernación, sino que todas las asociaciones quedarían inscritas automáticamente a los diez días, salvo que se viera algún motivo de impugnación, en cuyo caso se remitiría la cuestión al Tribunal Supremo. Esta nueva realidad permitió que los diferentes partidos acudieran a solicitar su reconocimiento, surgiendo las principales dificultades en torno al Partido Comunista de España (PCE). Sin embargo, la formación presentó unos estatutos estratégicamente redactados, con apelaciones a la reconciliación y la democracia, mientras omitía cualquier referencia al marxismo-leninismo o al internacionalismo

---

191. *Informaciones*, 2-XII-1976.

proletario, algo con lo que se buscaba esquivar posibles apelaciones al artículo 172 del Código Penal que dificultaran su legalización[192]. En esta situación, el 9 de abril el PCE quedó legalizado.

Respecto a la problemática en torno a la normativa electoral, desde finales de diciembre venía estudiándose en el seno del Gobierno sus líneas definitorias, en especial lo relativo a la concreción de los «dispositivos correctores» que, según la Ley para la Reforma Política, afectarían al modelo proporcional en que se iban a basar las elecciones al Congreso. El Gobierno acordó establecer un reparto mínimo de 2 diputados por circunscripción –a lo que sumarían otro diputado por cada 108 mil habitantes–, la necesidad de un porcentaje del 3 % a escala provincial para obtener representación, y el sistema D'Hondt como fórmula de cálculo para el reparto de diputados[193]. Trazadas sus líneas, el texto fue negociado con la oposición, que solicitó algunas modificaciones que fueron desestimadas, como que la mayoría de edad para votar pasara de los 21 a los 18 años, o que un candidato pudiera presentarse por más de una circunscripción. El Gobierno sí accedió, en cambio, a su petición relativa a la inelegibilidad de los altos cargos políticos, aunque se estableció que dicha exclusión no afectaría ni al Presidente del Gobierno ni al Presidente de las Cortes. El 18 de marzo fue aprobado el decreto-ley sobre las normas que regularían los futuros comicios, cuya celebración fue anunciada el 15 de abril. Las elecciones tendrían lugar el miércoles 15 de junio.

---

192. Pinilla, Alfonso (2017): *La legalización del PCE. La historia no contada, 1974-1977*. Madrid, Alianza, p. 167.

193. El sistema D'Hondt establece una división progresiva de los resultados de cada candidatura por el número de escaños correspondiente a la circunscripción, otorgando el acta a los mayores cocientes en orden decreciente. Herrero de Miñón, Miguel (2017): «Génesis del Real Decreto-Ley de marzo de 1977», en *Revista de Derecho Político*, n° 100, p. 46.

Después de casi 40 años de dictadura pudieron celebrarse nuevamente elecciones democráticas y libres en España. El 15 de junio, el pueblo español acudió a las urnas otorgando la victoria a Unión de Centro Democrático (UCD), coalición centrista construida en torno al presidente Adolfo Suárez junto a figuras reformistas y partidos procedentes de la oposición moderada. La segunda fuerza política fue el PSOE de Felipe González, seguido ya a gran distancia por el PCE de Santiago Carrillo y la AP de Manuel Fraga. Aunque los comicios no habían sido convocados a Cortes constituyentes, muy pronto se iniciaría el proceso para alumbrar una nueva realidad constitucional. Con aquellas elecciones comenzaba un nuevo tiempo para la Transición en su camino hacia una democracia que había sido abierto, precisamente, por la Ley para la Reforma Política.

Bibliografía

Alonso-Castrillo, Silvia (1996): *La apuesta del centro. Historia de la UCD*. Madrid, Alianza.

Álvarez, José Luis (1997): «El Grupo Tácito», en *XX Siglos*, nº 32, pp. 94-102.

Areilza, José María (de) (1977): *Diario de un ministro de la monarquía*. Barcelona, Planeta.

Arias, Carlos (1976): *El Movimiento y la participación política del pueblo español: discurso en el Pleno del Consejo Nacional del Movimiento celebrado en Madrid el 19 de enero de 1976*. España, Ediciones del Movimiento.

Arias-Salgado, Rafael (1969): «Los poderes del Rey en las Leyes Fundamentales», en *Cuadernos para el Diálogo*, nº 69, pp. 11-15.

— (1974): «Polémica sobre la interpretación de las Leyes Fundamentales: dimensión política y dimensión jurídico-técnica», en *Sistema*, nº 5, pp. 93-101.

Ariza, Julián (2022): *El precio de la libertad. Recuerdos de un antifranquista*. Madrid, Catarata.

Aróstegui, Julio (2007): «La Transición a la democracia, "matriz" de nuestro tiempo reciente», en Quirosa-Cheyrouze, Rafael (coord.): *Historia de la Transición en España: los inicios del proceso democratizador*. Madrid, Biblioteca Nueva, pp. 31-43.

Baby, Sophie (2018): *El mito de la transición pacífica. Violencia y política en España (1975-1982)*. Madrid, Akal.

De Esteban, Jorge (1973): *Desarrollo político y Constitución española*. Barcelona, Ariel.

Fernández-Carvajal, Rodrigo (1969): *La Constitución Española*. Madrid, Editora Nacional.

Fernández-Miranda, Juan (2015): *El guionista de la Transición. Torcuato Fernández-Miranda, el profesor del rey*. Barcelona, Plaza y Janés.

Fernández-Miranda, Pilar y Fernández-Miranda, Alfonso (1995): *Lo que el rey me ha pedido. Torcuato Fernández Miranda y la reforma política*. Barcelona, Plaza y Janés.

Fraga, Manuel (1987): *En busca del tiempo servido*. Barcelona, Planeta.

Fraile, Manuel María (1974): «Las Cortes Españolas», en Fraga, Manuel, Velarde, Juan y Campo, Salustino (eds.): *La España de los 70: El Estado y la política*. Madrid, Moneda y Crédito, pp. 1097-1164.

García-San Miguel, Luis (1981): *Teoría de la Transición. Un análisis del modelo español 1973-1978*. Madrid, Editora Nacional.

Gil Pecharromán, Julio (2013): *El Movimiento Nacional (1937-1977)*. Barcelona, Planeta.

Giménez, Miguel Ángel (2017): «Los reformistas del franquismo en las Cortes: el Grupo Parlamentario Independiente», en *Revista de estudios políticos*, nº 179, pp. 199- 230.

González, Juan José (1977): «La reforma del Código penal de 19 de Julio de 1976, en materia de asociaciones», en *Anuario de derecho penal y ciencias penales*, nº 30, pp. 651-698.

Gutiérrez, Pablo (2017): «Antecedentes de la Ley Para la Reforma Política. La decantación de diversas propuestas reformistas (diciembre de 1975-agosto de 1976)», en *Aportes. Revista de Historia Contemporánea*, nº 94, pp. 111-148.

Herrero de Miñón, Miguel (1972): *El principio monárquico*. Madrid, Editorial Cuadernos para el Diálogo.

— (1993): *Memorias de estío*. Madrid, Temas de Hoy.

— (ed.) (1999), *La Transición Democrática en España*. Bilbao. Fundación BBVA.

— (2017): «Génesis del Real Decreto-Ley de marzo de 1977», en *Revista de Derecho Político*, nº 100, pp. 33-48.

Juan Carlos I (1976): *El mensaje de la Corona: Primer mensaje real*. España, Presidencia del Gobierno.

Juliá, Santos (2014): «¡Todavía la Transición!», en *El País*, 20-VII-2014.

Lavilla, Landelino (2017): *Una historia para compartir. Al cambio por la reforma (1976-1977)*. Barcelona, Galaxia Gutenberg.

Lucas Verdú, Pablo (1976): *La octava ley fundamental. Critica jurídicopolítica de la reforma Suárez*. Madrid, Tecnos.

Magaldi, Adrián (2022): *El arte de perder. Alfonso Osorio, una biografía en transición*. Madrid, CEPC.

Marín, José María (1996): «La Coordinadora de Organizaciones Sindicales (COS): una experiencia de unidad de acción sindical durante la transición», en *Espacio, tiempo y forma. Historia contemporánea*, nº 9, pp. 295-314.

Martín Villa, Rodolfo (1984): *Al servicio del Estado*. Barcelona, Planeta.

Martínez, Manuel (1974): «El Consejo del Reino», en Fraga, Manuel, Velarde, Juan y Campo, Salustino (eds.): *La España de los 70: El Estado y la política*. Madrid, Moneda y Crédito, pp. 1241-1290.

Míguez, Santiago (1990): *La preparación de la transición a la democracia en España*. Zaragoza, Prensas Universidad de Zaragoza.

Molinero, Carme e Ysàs, Pere (2018): *La Transición. Historia y relatos*. Madrid, Siglo XXI.

Moradiellos, Enrique (2000): *La España de Franco, 1939-1975. Política y Sociedad*. Madrid, Síntesis.

Muñoz, Gustavo (2008): «Una derrota dulce: el intento de la oposición antifranquista de lograr su unidad y la ruptura democrática», en *Gerónimo de Ustáriz*, nº 23-24, pp. 103-121.

Navarro, Eduardo (2014): *La sombra de Suárez*. Barcelona, Plaza y Janés.

Oreja, Marcelino (2011): *Memoria y esperanza. Relatos de una vida*. Madrid, La Esfera de los Libros.

Osorio, Alfonso (1980): *Trayectoria política de un ministro de la Corona*. Barcelona, Planeta.

Otero Novas, José Manuel (2014): *Lo que yo viví*. Barcelona, Prensa Ibérica.

Palacio Atard, Vicente (1989): *Juan Carlos I y el advenimiento de la democracia*. Madrid, Espasa.

Palomares, Cristina (2006): *Sobrevivir después de Franco. Evolución y triunfo del reformismo, 1964- 1977*. Madrid, Alianza.

Pasamar, Gonzalo (2019): *La Transición española a la democracia ayer y hoy. Memoria cultural, historiografía y política*. Madrid, Marcial Pons.

Peña, José (2005): «La ley para la reforma política como factor legitimador del cambio», en Peña, José (coord.): *Homenaje a D. Íñigo Cavero Lataillade*. Valencia, Tirant lo Blanch, pp. 449-464.

Pérez, María Isabel (2008): «La ley para la reforma política: el camino hacia la democracia», en Navalejas, Carlos y Iturriaga, Diego (eds.): *Crisis, dictaduras, democracia*. Logroño, Universidad de la Rioja, pp. 355-362.

Pinilla, Alfonso (2017): *La legalización del PCE. La historia no contada, 1974-1977*. Madrid, Alianza.

Powell, Charles (1990): «The Tácito group and the transition to democracy, 1973-1977», en Lannon, Frances y Preston, Paul (eds.): *Elites and power in twentieth century Spain: essays in honour of sir Raymond Carr*. Oxford, Claredon Press, pp. 249-268.

— (1994): «La dimensión exterior de la transición política española», en *Revista del Centro de Estudios Constitucionales*, nº18, pp. 79-116.

— (1997): «Crisis del franquismo, reformismo y transición a la democracia», en Tusell, Javier, Montero, Feliciano y Marín, José María (eds.): *Las derechas en la España contemporánea*. Barcelona, Anthropos, pp. 247-270.

— (2001): *España en democracia, 1975-2000*. Barcelona, Plaza y Janés.

— (2007): «El reformismo centrista y la transición: retos y respuestas», en *Historia y Política*, nº 18, pp. 49-82.

Prego, Victoria (1996): *Así se hizo la Transición*. Barcelona, Plaza y Janés.

Primo de Rivera, Miguel (2002): *No a las dos Españas. Memorias políticas*. Barcelona, Plaza y Janés.

Puell de la Villa, Fernando (2019): *Gutiérrez Mellado y su tiempo (1912-1995)*. Madrid, Alianza.

Redero, Manuel (2017): «El papel de la izquierda en el tardofranquismo y la primera etapa de la transición política», en Redero, Manuel (ed.): *Adolfo Suárez y la Transición política*. Salamanca, Ediciones Universidad de Salamanca, pp. 55-99.

Río, Miguel Ángel (del) (2012): «Manuel Fraga y el primer gobierno de la monarquía (1975-1976)», en Loff, Manuel y Molinero, Carme (eds.): *Sociedades en cambio: España y Portugal en los años setenta*. UAB, CD, pp. 1-18.

— (2013): *De la extrema derecha neofranquista a la derecha conservadora: los orígenes de Alianza Popular*. Tesis doctoral dirigida por Ferrán Gallego. Universidad Autónoma de Barcelona.

Rodríguez Jiménez, José Luis (1995): «El reformismo azul en el tardofranquismo» en AA.VV.: *Historia de la transición y consolidación democrática en España, 1975-1986. Vol. I*. Madrid, UAM, pp. 253-267.

— (2008): «La división de la clase política en el tardofranquismo», en Navajas, Carlos e Iturriaga, Diego (coords.): *Crisis, dictaduras, democracia*. Logroño, Universidad de La Rioja, pp. 45-61.

— (2013): «La extrema derecha en la transición política a la democracia (1973-1982)», en Quirosa-Cheyrouze, Rafael (ed.): *Los partidos en la Transición. Las organizaciones políticas en la construcción de la democracia española*. Madrid, Biblioteca Nueva, pp. 143-172.

Sánchez, Ángel José (1998): *La transición española en sus documentos*. Madrid, Centro de Estudios Políticos y Constitucionales.

Sánchez-Cuenca, Ignacio (2014): *Atado y mal atado. El suicidio institucional del franquismo y el surgimiento de la democracia*. Madrid, Alianza Editorial.

Saz, Ismael (2011): «Y la sociedad marcó el camino. O sobre el triunfo de la democracia en España (1969-1978)», en Quirosa-Cheyrouze, Rafael (coord.): *La sociedad española en la Transición*. Madrid, Biblioteca Nueva, pp. 29-42.

Soto, Álvaro (1998): *La transición a la democracia. España 1975-1982*. Madrid, Alianza.

— (2005): *¿Atado y bien atado? Institucionalización y crisis del franquismo*. Madrid, Biblioteca Nueva.

— (2007): «Continuidad, reformas y sobre todo improvisación», en Quirosa-Cheyrouze, Rafael (coord.): *Historia de la Transición en*

España: los inicios del proceso democratizador. Madrid, Biblioteca Nueva, pp. 237-250.

Suárez, Adolfo (1978): *Un nuevo horizonte para España discursos del Presidente del Gobierno, 1976-1978.* España, Presidencia del Gobierno.

Tusell, Javier (1996): *La dictadura de Franco.* Madrid, Alianza Editorial.

Tusell, Javier y García, Genoveva (2003): *Tiempo de incertidumbre. Carlos Arias Navarro entre el franquismo y la Transición (1973-1976).* Barcelona, Crítica.

Ysàs, Pere (2013): «El Consejo Nacional del Movimiento en el franquismo tardío», en Ruiz, Miguel Ángel (coord.): *Falange, las culturas políticas del fascismo en la España de Franco (1936-1975).* Zaragoza, Institución Fernando el Católico, pp. 365-380.

Fuentes hemerográficas

ABC
Arriba
Cuadernos para el Diálogo
Diario 16
El Alcázar
El País
Informaciones
La Mañana
La Vanguardia
Pueblo
Sistema
Ya

Fuentes documentales

Archivo General de la Administración.
Diario de sesiones de las Cortes Españolas

La Ley para la Reforma Política: un paso decisivo de la transición hacia la democracia

Universidad Internacional Menéndez Pelayo

10-11 de febrero de 1997

Presentación de las jornadas

Miguel Herrero y Rodríguez de Miñón

Señor presidente de Caja Cantabria, señor rector de la Universidad Internacional Menéndez Pelayo, y voy a pararme, porque hay tanto excelentísimo y, sobre todo, tanta excelencia en esta sala, que es imposible dar todos los tratamientos debidos. Señoras y señores, en primer lugar, como director del curso, déjenme que dé muy sentidas gracias a Caja Cantabria y a la Universidad Internacional Menéndez Pelayo y, muy concretamente, a su rector, don José Luis García Delgado, por haberme encargado la dirección de este curso. Y también, por supuesto, a todos mis amigos que han tenido la amabilidad de aceptar la invitación y venir a impartir aquí sus conocimientos y su experiencia sobre este importante acontecimiento de nuestra historia contemporánea.

La transición política española del autoritarismo a la democracia es un concepto de extensión más que ambigua. Es muy difícil saber cuándo comienza la Transición realmente y cuándo acaba. Sin duda, hay un periodo capital que son los años 76-77, pero también es cierto que la transición política hubiera sido absolutamente imposible en España si no hubiera sido precedida por la transición económica de los años 60 y por la transición religiosa de los años 70. Sin la liberalización económica primero, con el crecimiento que ella produjo y la consecuente formación de una amplia clase media; y, por otra parte, sin la recepción desde el pensamiento religioso español del Concilio Vaticano II, hubiera sido muy difícil realizar una transición política como la que en la década de los 70 tuvo lugar. Y, también es verdad, que hay poco acuerdo sobre cuándo termina la Transición. Sin duda, una fase capital es la elaboración de la Constitución de 1978, pero hay quien considera que la Transición no termina hasta el primer relevo de la fuerza política gobernante del año 1982. También hay quien sostiene, y sobre ello se han publicado obras especialmente autorizadas, que no termina hasta el ingreso de España en las Comunidades Europeas en el año 1986.

Pero, dentro de este concepto tan elástico en cuanto a su extensión, hay una fase crítica que son los años 1976-1977. Una fase crítica que está protagonizada por el gobierno de Adolfo Suárez, al que, razones personales, le han impedido aceptar la invitación que, desde el primer momento, se formuló para venir aquí, y al que yo creo que los organizadores de este curso, y yo como director, queremos rendir especial testimonio en la conmemoración de algo de lo que él fue un protagonista de importancia excepcional.

En este periodo de los años 76-77 hay algunos hitos fundamentales. Estaría la amnistía del 30 de julio de 1976 que es, como entonces se dijo, las «arras del cambio». También destacan la Ley para la Reforma Política de diciembre del mismo año o las normas electorales de marzo de 1977, que, con todas sus virtudes y defectos, siguen prácticamente vigentes hoy a través de la ley de 1985. Igualmente, durante aquella primavera de 1977 destaca el reconocimiento de los partidos políticos y la homologación de todos, incluido el Partido Comunista. Y, por último, la celebración de las elecciones de junio de 1977. De estos hitos, uno que tiende a pasar olvidado, por la brillantez o polemicidad de algunos otros, es la Ley para la Reforma Política, y, sin embargo, a juicio de muchos, y desde luego a juicio del director de este curso, la Ley Para la Reforma Política es la pieza clave que explica todo este periodo. Es la piedra angular de la Transición porque es, como también entonces se dijo, el «real torcedor» –utilizando una expresión de un autor clásico– que permitió dar la palabra al pueblo español y devolverle plenamente su soberanía para que estableciese, mediante su propia decisión, los fundamentos de una democracia política real. Las elecciones de junio de 1977, de las que salen unas Cortes Constituyentes, solo son posibles merced a la Ley para la Reforma Política, pero la misma normativa electoral y el reconocimiento de los partidos políticos solo fueron posibles merced a las innovaciones que en el ordenamiento entones vigente introdujo aquella ley.

Pero la importancia de la Ley para la Reforma Política no es solo una importancia histórica, lo cual ya bastaría para que en un foro académico se la recordara y se la analizara. Yo creo que, además, es una prueba de dos cosas políticamente muy importantes, tanto de ayer, como de hoy, y como de mañana. Por una parte, la habilidad. Nada se debe improvisar. Las cosas pensadas y diseñadas podrán salir bien o mal, pero si se improvisan salen siempre mal. La Ley para la Reforma Política, con sus virtudes, que fueron mucho mayores que sus defectos, fue algo profundamente pensado, diseñado, debatido y, por eso, salió bien. Por otra parte, fue una prueba de generosidad por parte de todos, tanto de quienes la elaboraron como también, y muy especialmente, de quienes en las Cortes la votaron. Hay que destacar así a los procuradores de aquellas últimas Cortes del franquismo, que hicieron un gran acto de servicio a la cosa pública y a la historia de España poniendo, pacífica y legalmente, punto final a un régimen y abriendo así la puerta a que el pueblo español estableciera el régimen que a la altura de los tiempos le convenía. Para conmemorar y analizar todo esto hemos conseguido reunir aquí, merced a la Universidad Internacional Menéndez Pelayo y Caja Cantabria, a la mayor parte de las personas que hicieron posible aquella ley. Ya he dicho antes que una ausencia por razones personales explicables, y que son más de lamentar, es la del presidente Adolfo Suárez. Salvo el caso de Adolfo Suárez, solo faltan aquí dos instancias que, por definición, no podrían estar presentes y que fueron fundamentales para que la Transición saliera adelante: su majestad el rey y el pueblo español. Por lo demás, hay aquí representantes muy cualificados de instituciones como las Cortes o el Consejo Nacional, que contribuyeron a la elaboración de la ley. Hay también representantes muy cualificados del Gobierno que pilotó la ley y representantes muy cualificados de la oposición democrática y de la opinión pública que, con su resistencia –porque la resistencia también apoya– y con su aliento, hicieron posible aquella reforma.

Y nada más me queda, simplemente señalar ante ustedes cuál va a ser la estructura de estas jornadas. Va a abrir el curso, después de este breve acto de presentación, don Landelino Lavilla, consejero permanente de Estado, con una lección sobre el contexto político de la Transición. Que yo hable bien de don Landelino Lavilla no tiene mérito ninguno. Primero, porque lo merece de sobra. Segundo, porque somos compañeros, no solo de cuerpo sino también de actividad en el Consejo de Estado, y, sobre todo, porque mi vida política ha estado íntimamente ligada a la de Lavilla. Fui secretario general técnico cuando él era ministro de Justicia durante la fase de preparación y elaboración de la Ley para la Reforma Política, y esto explica que yo esté aquí. Creo que aquellos nueve meses de intensa colaboración fueron los más fecundos que me ha tocado vivir. Lo recordaré siempre con gran afecto y, desde luego, quiero decir también que mi consiguiente iniciación en la vida política no hubiera sido posible sin la amistad y el apoyo de Lavilla. Una amistad y un apoyo que no son amiguismo, sino que tiene fundamentos objetivos en la coincidencia en muchos planteamientos y en muchas ideas. Va a haber otra disertación, pronunciada por mí, sobre las técnicas y las alternativas jurídicas que se manejaron a la hora de elaborar la ley. Al decir jurídica quiero decir jurídico-política, porque el contenido del derecho constitucional es la política pura. Esto lo digo para no desanimarles a ustedes a que asistan a una disertación técnica como la que es de suponer que será la mía.

Así enmarcadas, vamos a contar también con dos importantes mesas redondas. Una hoy y otra mañana que van a agrupar, por una parte, a quienes pueden –porque lo protagonizaron directamente– analizar el contexto en que se elaboró la Ley para la Reforma Política. El contexto económico estará a cargo de quien entonces era miembro muy prominente del Gobierno, don Fernando Abril Martorell. El contexto internacional correrá a cargo de quien entonces era el jefe del Gabinete del Ministerio de Asuntos Exteriores y hoy preside la Comisión de Asuntos Exteriores del Congreso, mi viejo amigo Javier Rupérez. El contexto de la opinión pública correrá a cargo del consejero delegado de PRISA, y entonces director de *El País*, don Juan Luis Cebrián. Y lo que en ese contexto supuso la labor de crítica y también de aliento de la oposición democrática, aquí va a estar representada por el profesor don Raúl Morodo, que entonces militaba en un partido, el Partido Socialista Popular, que tuvo una especial importancia y protagonismo en aquellos meses. El PSP tuvo un protagonismo que no tuvieron otras fuerzas políticas cuantitativamente más importantes ya entonces, pero que se inhibieron «muy mucho» aquellos días en la prenegociación y enmarcamiento de la Ley para la Reforma Política. Ya mañana habrá una segunda mesa redonda que reunirá a un representante cualificado del Consejo Nacional como don Gonzalo Fernández de la Mora, que aportará sin duda una perspectiva crítica; don Fernando Suárez, como representante de lo que supusieron las Cortes en la elaboración y aprobación de la ley en cuanto que fue el ponente principal de dicha ley ante la cámara; y don Alfonso Osorio, como miembro muy cualificado del Gobierno –pues era entonces Vicepresidente del Gobierno– y que tuvo un especial protagonismo en el lanzamiento y pilotaje de la Transición por parte del gobierno Suárez.

Esta va a ser la estructura de estas dos jornadas a las que quedan cordialmente invitados desde ahora, y por cuya dirección, insisto, doy las gracias de nuevo al rector y al presidente de Caja Cantabria, así como a todas las instituciones que la han hecho posible.

Muchas gracias.

El contexto político del cambio

Landelino Lavilla

Muchas gracias a todos por su asistencia y por su atención.

Yo creo que, efectivamente, poner el foco de lo que se ha venido llamando, repetidamente, la Transición política, en el período 1976-1977, es ponerlo en el momento crucial de la operación de transformación del sistema con el que vivía organizada la convivencia en España. Se ha dicho que, quizá, otros momentos más estelares y más brillantes han podido desviar la atención, como, por ejemplo, la elaboración de la Constitución y su posterior promulgación y sanción. Yo creo que, efectivamente, esa desviación se ha producido porque, normalmente, hay más voces –y que hablan más alto– de quienes consideran el período a que nos vamos a referir como una especie de lejana prehistoria de una historia que consideran que solo empieza en el momento en que están en el escenario y en el momento en que desempeñan unos determinados papeles. De manera que situar la Transición en las elecciones del 15 de junio de 1977 es algo bastante habitual para quienes exponen o analizan lo que fue aquel período político. En las sombras suele quedar un año anterior que hizo posible que aquellas elecciones del 15 de junio se celebraran y que, a partir de aquella fecha, se dispusiera de un órgano de plena representación legítimamente democrática, el cual permitió abordar la elaboración de un texto constitucional. A mí me gusta poner el foco de la atención en ese primer periodo, en ese primer año 76-77, porque solo conociendo y comprendiendo lo que se hizo, y cómo se hizo, puede hallarse una explicación razonable y racionalizada de lo que fueron las características de todo el proceso que, formalmente, culminó con la sanción y promulgación de la Constitución de 1978, aun cuando sus derivaciones se prolongaran después en el tiempo.

En 1976 la realidad económica, la realidad social y la realidad cultural de España eran cualificadamente distintas de las que existían, por supuesto, 20 años antes, y mucho más, por supuesto, 40 años antes, en la década de los 30. Pero ante esa transformación económica y social –muy acusada en la década de los 60–, no hubo capacidad de correspondencia en lo que pudo y debió de ser la evolución y transformación del esquema político. De este modo, se produjo una incapacidad para acometer el desarrollo político –la llamada entonces, eufemísticamente, apertura–, en periodos de bonanza, porque mayor bonanza se hubiera encontrado unos años antes que cuando hubo que abordar la transformación política de España en plena crisis. Una crisis que se inició primero en materia de energía y, después, se generalizó a todas las materias primas en el año 1976. Pero lo cierto es que las cosas estaban como estaban al producirse la muerte del general Franco, y hubo que acometer entonces la transformación política de España. Hubo que acometerla cuando las circunstancias se dieron, aunque quizá no cuando hubiera sido objetivamente más razonable o cuando, reflexivamente, hubiera podido ser más deseable.

Muchos análisis se hicieron durante aquellos meses, en el periodo del primer gobierno de la monarquía, respecto de cuál era la situación y cuáles eran las vías por las que se podía dar salida a una circunstancia en la cual el pueblo español –prendido quizás todavía entre temores y esperanzas– se veía oscilante entre determinados requerimientos para prolongar unas estructuras políticas que estaban en sí mismas caducadas, o para verificar un corte tajante en la situación política, como postulaban o hubiera implicado la apertura de un proceso de características o de rasgos revolucionarios. En la política española ha habido siempre la presencia –muy acusada en los dos últimos siglos– de lo que, por simplificar, pueden llamarse las tendencias revolucionarias y las tendencias reaccionarias. Ha habido posiciones reformistas, con posiciones conciliadoras y templadas, pero vinieron siendo barridas sucesivamente por las posiciones que nada quieren cambiar o que querían cambiarlo todo y al mismo tiempo. Recuerdo haber leído a Gregorio Marañón diciendo que podría escribirse, en contra de lo que ha sido la repetida historia de las dos Españas, la historia de una España significada por la conciliación y la templanza en el afán de convivencia, que –decía el doctor Marañón– sería no más importante de lo que pudo llegar a ser la «Historia de los heterodoxos españoles». Los ha habido y los hubo a lo largo del siglo XIX, pero fue siempre un reformismo timorato, alicorto y, desde luego, desbordado por los planteamientos más extremos de la reacción y de la revolución.

Cuando en el año 1976 hubo que abordar la transformación política de España, un nuevo intento de hacer efectiva una posición integradora, conciliadora y comprensiva de todas las posiciones políticas se hizo presente en España. Yo creo que se puede dejar establecido –como convicciones generalizadas y comunes primero– que allí estaba presente el recuerdo, vivido o transmitido, de una experiencia trágica que debilitaba cualquier tentación por la aventura en la que España podría verse de nuevo inmersa, tanto si se anquilosaba la situación política en el inmovilismo, como si se verificaban unos intentos de ruptura de signo revolucionario o cuasi revolucionario. Había, en segundo lugar, una realidad económico y social que, aún con profundos y graves problemas y tensiones, suponía un estándar de educación o un estándar de vida muy superior al que había existido en otras épocas, cuando otros intentos de ordenación política democrática se abordaron en España. Había también una actitud internacional de especial sensibilidad desde los países con los que, por localización y por vocación, habíamos de entendernos. Se trataba de una realidad internacional sensibilizada entonces por la reciente experiencia portuguesa y que era favorable a respaldar un intento serio de transformación política en España.

Iniciábamos, y había conciencia de ello, una nueva etapa política consiguiente a la sucesión. En ella, la voluntad de reforma estuvo ya reflejada en la composición, yo creo, del primero de los gobiernos de la monarquía, al que se incorporaron en posiciones claves determinadas personas que habían profesado caracterizadamente posiciones que podríamos denominar, genéricamente, como de reformismo democrático. Pero, en aquel momento, la tensión y polémica se suscitaba básicamente en lo que podríamos considerar la dialéctica entre reformistas y rupturistas, además de mantener todavía la vigencia determinadas posiciones continuistas. Ruptura y reforma, en la terminología de la Transición, fueron conceptos manejados con profusión, no siempre con el rigor debidos, que parecieron abrir con frecuencia distancias y diferencias abismales en lo que no era, más que a mi entender y en aquellos momentos, una opción metodológica distinta respecto de las vías para la consecución de un objetivo compartido por unos y otros. El objetivo era el establecimiento en España de un orden político de convivencia homologable con el de los países de nuestro entorno. La contraposición se producía respecto del método, es decir, respecto de la vía por la que se había de alcanzar ese objetivo. Por eso, cuando entonces –y ya no digo con posterioridad– se suele hablar y se utiliza la expresión de que al final se llegó a una fórmula que implicaba la ruptura pactada –o llegar a la ruptura por el camino de la reforma– se está efectuando, verdaderamente, una trasposición de conceptos que responde a una realidad. Y es que, por el procedimiento de la reforma, se llegó a una situación final que verdaderamente rompía con el sistema político anterior. Pero ello no quiere decir, porque sería un falseamiento de los términos en que la dialéctica se planteó en aquellos momentos, que así se viviera o lo viviéramos quienes algún papel tuvimos en aquellas circunstancias. La realidad fue la presencia de una tensión entre la reforma y la ruptura, con una tensión no de objetivos, no de dirección, no de orientación…, pero sí metodológica. Lo que realmente se cuestionaba era el método por virtud del cual se iba a conseguir establecer en España un sistema democrático de convivencia. Y el método que se siguió fue, naturalmente, el método de la reforma, después de haberle hecho un planteamiento al pueblo español en términos que el pueblo aceptó, dando de lado a continuistas y a rupturistas tras el proyecto político de reforma que fue sometido al pueblo español. Yo creo que el pueblo salió de sus temores y de sus dudas tras un proyecto que le ofrecía, en términos razonables, una salida de la situación y un objetivo perfectamente comprensible sin riesgos y sin aventuras excesivas.

La verdad es que en esa dialéctica entre reforma y ruptura –o incluso entre continuismo, reforma y ruptura, porque fueron tres las posiciones iniciales, luego reducidas a dos–, unas eran las afirmaciones que se hacían desde determinadas convicciones, y otra fue la actitud real y efectiva de las personas que las defendían y que, sin embargo, hallaron una zona de encuentro en términos generales en la vía política de la reforma que les fue propuesta. La oposición extramuros del sistema, en aquellos momentos mucho más encarnada por el Partido Comunista –que era el que parecía que iba a capitalizar la oposición por razón de su historia, de su trayectoria y de sus actitudes anteriores frente al régimen de Franco–, fue desplazada en su papel de oposición por una oposición socialista que, con planteamientos más templados y más moderados, se situó en una orientación hacia un centro político que supuso la marginación de las posiciones más extremas del rupturismo. Esto no quiere decir que, en los momentos iniciales, la actitud y posibilidades del Partido Comunista no se plantearan con toda la crudeza con que se produjo.

Cabe recordar que cuando nosotros accedimos al Gobierno en el segundo gobierno de la monarquía, y eso fue en julio de 1976, acababa de ser aprobada en el seno de las Cortes la Ley de Asociaciones Políticas, ley que había presentado Adolfo Suárez –entonces ministro en el Gobierno de Arias Navarro– tan solo unos días o unas semanas antes de ser designado presidente del Gobierno. Pero aquellas mismas Cortes se negaron a aprobar la modificación del Código Penal, cuando la Ley de Asociaciones Políticas producía una remisión al Código Penal para determinar cuáles serían las asociaciones –el eufemismo identificativo entonces de los partidos políticos– que podrían, o no, ser legalizadas en el proceso que se ponía en marcha. El fondo político del debate, aunque quizá no en términos explícitos, era si sería o no sería posible la legalización del Partido Comunista. Allí se utilizaron muy diversas fórmulas que llevaron a su rechazo por parte de las Cortes a mediados del mes de junio de 1976 y que, sin embargo, esas mismas Cortes aprobaron una vez que se constituyó el primer gobierno de Adolfo Suárez. Yo recuerdo la fórmula propuesta para ello, en la que se decía que serían ilícitas las asociaciones políticas que postularan soluciones o planteamientos totalitarios y que estuvieran sujetas a una disciplina internacional. Entonces se pensaba que ahí es donde estaba el núcleo fundamental para posibilitar o no, en su día y en su momento, el que fuera legalizado el Partido Comunista.

Observen que la gran operación, ese lúcido y brillante episodio que se considera y que está referido posteriormente durante la Semana Santa de 1977, ya estaba sobre la mesa cuando se constituyó el primer gobierno de Adolfo Suárez en julio de 1976, precisamente con la modificación del Código Penal. Yo lo recuerdo porque fue mi primera intervención. Mi primera actuación política fue el sacar adelante aquella reforma del Código Penal, tan solo cuatro o cinco días después de acceder al Ministerio de Justicia. El planteamiento que se hizo desde el Gobierno –y en particular su presidente, Adolfo Suárez– fue el siguiente: la Ley de Asociaciones Políticas, que ya había sido aprobada, decía que serán ilícitas las asociaciones –entiéndase los partidos– que estén incluidos en el Código Penal, pero decía a continuación –y ya había sido aprobada la calificación–, que se verificaría sobre la documentación que sea presentada por los promotores de la correspondiente asociación política. Entonces, mi respuesta a la pregunta que se hacía: ¿pero podrá ser legalizado? Pues podrá ser legalizado si el Partido Comunista –en aquel entonces, y repito que estoy hablando de julio del 76, no de abril del 77– presenta una documentación y unos estatutos en los que no diga que tiene una vocación de carácter totalitario y que está sometido a la disciplina de la URSS, pues entonces sí que hubiera quedado incluido en la prohibición del Código Penal. Pero si el Partido Comunista, como cualquier otro partido, presentaba una documentación y unos estatutos en los que se reflejaran unos objetivos razonables, no había posibilidad, con el Código Penal en la mano, de proceder a su ilegalización ni por razón de las intenciones, ni por razón del pensamiento, ni por razón de la historia, ni por razón de la filosofía presupuesta o atribuible a uno u otro de los partidos que pretendían su legalización.

Consiguientemente, con aquella modificación del Código Penal se pudo hacer, y se hizo, la legalización posterior de todos los partidos de la oposición, aun cuando después hubo que hacer determinadas modificaciones, no de fondo sino de forma, por lo que se llamaba desde la oposición «el problema de la ventanilla». La oposición no quería pasar por la ventanilla del Ministerio de la

Gobernación para que la dijeran si procedía o no a su legalización. La oposición quería que el planteamiento viniera directamente desde la ley y que fuera susceptible únicamente de un control judicial, y así efectivamente se hizo con el decreto-ley de febrero de 1977. Todo ello es, como digo, solo una forma o una manera de explicar, por referencia a algo concreto, el tono y el talante con el cual, en aquellos momentos, abordamos la transformación política del sistema. Nosotros representábamos una posición conciliadora. Quisimos emprender una operación de signo reformista y sabíamos que actitudes políticas de ese porte habían sido estériles en otras experiencias, desbordadas por las posturas propias de, vuelvo a repetir las palabras, la reacción o la revolución, que podían ser la identificación de los extremismos en la vida política española. Nuestro reformismo fue cualitativamente distinto de sus precedentes históricos en España. Yo creo que, en primer lugar, por la generosidad y la limpieza con la que se planteó y se ejecutó. En segundo lugar, porque no fue una operación de defensa, sino rigurosamente agresiva al servicio de la convivencia integradora de todos los españoles. Y, en tercer lugar, porque eludimos las reminiscencias y las tentaciones de cualquier forma de ejercicio ilustrado del poder.

Voy a recordar una frase de un constitucionalista tan caracterizado como Loewenstein. Este afirmó que, después de un periodo de dictadura, quienes emprenden la tarea de establecer una democracia tienen que pasar, necesariamente, por un periodo de carácter dictatorial, bien que con signos democráticos, para llegar a establecer una asamblea o un parlamento plenamente legítimo que pueda abordar la elaboración de un nuevo orden institucional. Pues no fue así en nuestra experiencia, porque en nuestra experiencia pasamos directamente –y fue precisamente a través del mecanismo de la Ley para la Reforma Política– desde una legalidad a una situación que estaba signada por esa Ley para la Reforma Política, que, si fue importante como instrumento para la transformación política de España, no lo fue menos en cuanto que introdujo en nuestro ordenamiento jurídico y en nuestro sistema político afirmaciones de enorme magnitud. Así destacan algunas como la primacía de la ley –expresión del Estado de Derecho en su sentido kantiano–, el principio de que la soberanía emana del pueblo o reside en el pueblo, el principio de que los derechos de la persona son inviolables y vinculan a todos los poderes del Estado, o el principio del sufragio universal. Todo ello fue incorporado a una octava Ley Fundamental que se incrustaba en el sistema anterior. Se incrustaba, pero ¿con qué finalidad y con qué alcance? Pues con un alcance efectivamente dislocador del conjunto de las Leyes Fundamentales, de las que la Ley para la Reforma Política era la octava. A partir de esas afirmaciones de tanto calado jurídico y político se pudo idear, se pudo cumplimentar y se pudo llevar a efecto algo fundamental, como fue alcanzar la jornada electoral del 15 de junio tras haber establecido ya las libertades democráticas y políticas suficientes y necesarias para legitimar el propio proceso político electoral que estaba en curso.

A la muerte de Franco, el primer gobierno de la monarquía continuó bajo la presidencia de don Carlos Arias Navarro y se inició lo que ya se pensaba entonces que era una vía de cambio político. Yo creo que fue rápidamente intuible y corroborable por los hechos, la percepción de la inanidad del camino que se escogió, con la creación de aquella Comisión Mixta Gobierno-Consejo Nacional del Movimiento que difícilmente podía alumbrar cualquier camino, no ya que implicara un cambio *de* sistema, sino que implicara la creación de instrumentos adecuados para producir un cambio *en* el sistema. Yo no me voy a referir a aquella comisión y a aquel periodo del primer gobierno, pero sí me gustaría señalar, frente a lo que muchas veces se dice y se piensa, que yo he creído con frecuencia que el primer gobierno de Suárez –el

Gobierno del que yo formé parte como ministro de Justicia– fue, en algún grado, tributario de aquel primer gobierno de la monarquía. Pero entiéndaseme bien el sentido en el que considero que fue tributario. Primero, porque algunas de las cosas que se hicieron en aquel periodo pudieron servir para la operación de cambio político. En segundo lugar, porque seis meses de esterilidad y de inanidad generaron la convicción de que por aquel camino no se iba a ninguna parte y que era necesaria una operación de características esencialmente distintas de aquella, porque operando desde el seno de las instituciones –que no es lo mismo que contando, como contamos con ellas– era absolutamente imposible que allí se alumbraran propuestas que permitieran la transformación política de España. Y esa impresión se generó rápidamente.

Durante la primavera de 1976 hubo una creciente intranquilidad social con atisbos de signo prerrevolucionario. Hubo episodios trágicos de cierta envergadura –como Vitoria o Montejurra– y lo cierto es que yo creo que en junio, y quizás ya algo antes, había una conciencia social generalizada, por lo menos entre la clase política y la gente suficientemente informada, de que aquel gobierno estaba llamado a terminar a un plazo brevísimo. Ello mismo debió de producir, sin duda, efectos internos en el seno de aquel primer gobierno, pero es cierto que fuimos tributarios del primer gobierno. Lo cierto es que lo que pudimos hacer a partir de julio de 1976 probablemente no se hubiera podido hacer en esos mismos términos en enero de 1976 o en diciembre de 1975. Yo creo que había que pasar por esa experiencia de que determinadas vías estaban cegadas y eran estériles. Yo lo creo así, pero digo a continuación que Adolfo Suárez no lo cree así. En alguna ocasión que hemos hablado de este asunto, Adolfo Suárez me ha dicho que lo que hicimos a partir de julio de 1976 lo hubiéramos podido hacer perfectamente a partir de diciembre de 1975 o de enero de 1976. A mí me parece que hubo un clima social y una modificación en determinadas posiciones que yo creo que facilitaron que, a partir de julio de 1976, un nuevo gobierno –inicialmente muy mal recibido– pudiera prácticamente en unas semanas tomar las riendas del país y despertar confianza e ilusión en el pueblo español, en las distintas fuerzas y tendencias políticas, y en los medios de comunicación social.

Ya desde junio de 1976 se veía que el relevo de Arias se había de producir de un modo inmediato. Significativo fue aquel artículo en *Newsweek* o el propio discurso del rey en el Congreso norteamericano. Diversos signos externos componían una crónica anunciada del relevo en la presidencia y, el 3 de julio, Adolfo Suárez fue elegido presidente del Gobierno. Tomó posesión el lunes día 5 y su gobierno lo hizo el día 8. Aquel primer gobierno hizo lo que entonces se llamaba la declaración de intenciones el día 16, es decir, a la semana siguiente de haber tomado posesión. Fue una jornada dedicada íntegramente a la elaboración de una declaración que no se hizo pública sino avanzada ya la madrugada del sábado, y allí estaba la esencia de los compromisos del Gobierno y la esencia de la operación de reforma. Frente a quienes con frecuencia hablan de improvisación de la reforma, esta no se improvisó. Yo podría expresar o exponer experiencias personales y directas de conversaciones, aún antes de formar parte del consejo de ministros y, por supuesto, antes de aceptar la incorporación al primer gobierno de Adolfo Suárez. Pero es que es público, pues en la declaración que el Gobierno hizo el 16 de julio de 1976 –o en la madrugada del 16 al 17– estaba ya lo que luego fueron principios dogmáticos incorporados al articulado de la Ley para la Reforma Política. Ahí estaba ya el compromiso, en el plazo inferior a un año, de celebración de unas elecciones previo establecimiento de las libertades públicas. Ahí estaba también la amnistía como prueba de la sinceridad con que aquel proceso se abordaba.

Dicho aspecto, ¿fue por todos entendido así? Evidentemente no. Primero, porque había recelos respecto de la capacidad de aquel gobierno para llevar adelante la operación. En segundo lugar, porque había determinados «efectos reflejo» en las posiciones políticas de muchos de quienes estaban llamados a protagonizar los meses y hasta los años siguientes de la vida política española. Ciertos reflejos que algunas veces lo eran por cuestión de principios, es decir, no estaban dispuestos a aceptar nada que implicara una contaminación respecto a lo que había sido el régimen entonces en cancelación, es decir, el régimen de Franco. Pero, entre otros muchos, porque entendían que, naturalmente, había llegado el momento de quienes habían sostenido unas determinadas actitudes, y que el protagonismo debía corresponderles a ellos. Y, sin embargo, si dejamos aparte lo que en esos momentos pudiera haber de aspiración de sustituir a los protagonistas de la operación política, la verdad es que, en el fondo, cuando se percibió como viable la Ley para la Reforma Política, las posiciones de unos y otros se atemperaron y hubo ejercicios de responsabilidad por parte de todos. También hubo actitudes estridentes desde el régimen, pero globalmente hubo un ejercicio de responsabilidad desde las posiciones continuistas. Salvados quienes estaban férreamente encerrados en lo que eran sus propias convicciones, sin apertura ninguna de visión, hubo una gran parte de lo que entonces eran los procuradores, e incluso en el seno del Consejo Nacional del Movimiento, que hicieron ejercicio de realismo en el sentido de decir: «el franquismo se ha acabado y no hay posibilidad de franquismo sin Franco, por lo que consiguientemente aquí hay que abordarlo y estos señores tienen un proyecto y un planteamiento razonable». Así que, unos por resignación, y otros por responsabilidad, dieron vía libre para que aquel proceso político siguiera adelante.

Es claro que no todas esas posiciones se manifestaron de la misma manera, y es claro que ha habido explicaciones a posteriori con todo lo que eso supone de racionalización *ex post* de las actitudes que entonces se tuvieron. En primer lugar, debo decir que a mí me han explicado muchas veces, personalidades del régimen que entonces mantuvieron posiciones adversas a las que nosotros proponíamos, que, si aquello hubiera tenido algún riesgo de no salir adelante, se habría contado con su apoyo. No era cierto en aquel momento. Sí es cierto que, cuando la operación había dado con éxito sus primeros pasos, entonces ya se pudo hacer la operación con todos y se pudo contar con todos. Pero nosotros tuvimos que tener una especial atención, y yo creo que la tuvimos, con quienes formaban parte de las instituciones existentes, puesto que aquella reforma sin ruptura requería de un primer momento de atención con quienes ocupaban las instituciones que habían de dar vía libre a la reforma política. En segundo lugar, cerca de la oposición hubo que mantener contactos, las relaciones debidas y las explicaciones adecuadas para vencer, no solamente posiciones intelectuales, sino muchas veces posiciones viscerales, que nos eran adversas, en la mayoría de los casos, desde un inicial y profundo escepticismo respecto de que aquello que decíamos que se podía hacer fuera efectivamente viable. A mí me llegaron –o nos llegaban yo creo que a todos los que estábamos en una determinada posición de responsabilidad en aquellos momentos– mensajes de todo porte diciéndonos: «no cometáis la ingenuidad», «esto no se puede hacer así», «cómo creéis que se puede producir», «nos vais a llevar al desastre»… No se creía en la reforma, es decir, había una posición de escepticismo y, cuando se salió de esa posición de escepticismo, pues unos pagaron las consecuencias del escepticismo y otros aprovecharon fecundamente el rápido paso que hicieron de la propia conversión del escepticismo al realismo o al pragmatismo de la situación, tal como la situación se iba desarrollando.

Repito que nuestro planteamiento fue un planteamiento inicial desde la constitución misma de aquel primer gobierno, que ya se hizo visible en su primera declaración. Yo creo que desvelamos nuestro propósito de una manera ponderada, de una manera firme y que nadie podrá imputar a aquel gobierno actuaciones equívocas o eufemísticas. Yo creo que fue un gobierno meridiano en la dirección política y coherente en el engarce de los sucesivos eslabones. Podrían ponerse ejemplos expresivos que ilustrarían también sobre la cauta administración que se hizo de las ideas a medida que lo permitía –o lo exigía– la situación, y hasta la capacidad de asimilación de los cambios que se iban produciendo por parte de unas u otras personas, de unas u otras fuerzas políticas, e, incluso, en general, del pueblo español.

El régimen político vigente a la muerte del general Franco no tenía posibilidad alguna de subsistencia, ni en sus términos, ni adaptado. No había alternativa razonable alguna a la implantación de un régimen democrático en el que la libertad y los resortes de la democracia actuaran sobre la realidad de ese pueblo, transformado en sus condiciones de vida, a que me he referido con anterioridad. No había otra vía, ni otro cauce, para la solución de nuestros ya seculares problemas de convivencia. Y el núcleo, la esencia de la propuesta que entonces se hizo y de la operación que se desarrolló, fue que el cambio del régimen, venciendo las resistencias de los inmovilistas y las impaciencias de los rupturistas, había que lograrlo sin quiebra de la legalidad. Era la reforma como estrategia general en oposición a la acción revolucionaria que, cruenta o no, está en realidad en el origen de la inmensa mayoría de las democracias. Y era también el consenso como táctica en la gestión política y como técnica en la acción legislativa, el cual atemperaba la aplicación de lo que es la regla de oro en la mayoría de los sistemas democráticos establecidos, que es la regla de la mayoría. El camino elegido como puente entre una y otra legalidad expresaba el resultado de lo que, en teoría, era una gran opción.

Estando ya en proceso de tramitación la Ley para la Reforma Política, todavía recibíamos requerimientos y admoniciones desde distintos lugares del espectro político, señalando que lo que aquel gobierno debía de hacer era someter directamente un texto constitucional a la aprobación del pueblo español. Esta era una opción que hubiera tenido ventajas de acortamiento del periodo de transición, pero que, sin duda, hubiera colocado el texto constitucional así nacido en una situación de precariedad que, probablemente, hubiera generado un revisionismo inmediato, quizá en peores condiciones y, quizás, con mayores apresuramientos de los que en aquel momento se trataban de evitar.

La fórmula elegida quizás no ofreciera el atractivo intelectual de las construcciones científicas puras, pero ofreció la insuperable utilidad de una solución práctica, y el pueblo español, al apoyar las tesis reformistas, dio el paso irreversible para que España, por la vía de la reforma, se constituyera en una democracia en el sentido occidental del término. Recuerden que el primero de nuestros eslóganes fue aquel de «Habla, pueblo, habla», es decir, dar la palabra al pueblo español para disponer de instituciones democráticamente legítimas desde las cuales se pudiera abordar la construcción de la democracia española. Y, entre todos los instrumentos, fue capital, y es el motivo de estas jornadas y de estos encuentros, la Ley para la Reforma Política. Ley «para» la reforma política, es decir, el proyecto inicial con que trabajamos fue una ley «de» reforma política y el cambio de preposición tenía su significación relevante. Yo recuerdo el día en que decidimos cambiar la preposición. La preposición «de» podía entenderse en el mismo sentido en que se entiende la Ley de aguas, como la Ley que trata de las aguas, o la Ley de puertos, como la ley que regula los puertos. La ley de reforma política sería, por consiguiente, la ley que regula la forma política. Pero si la locución reforma política ya encierra en sí misma un cierto elemento de dinamismo, porque se trata de reformar, no cabe duda del efecto vigorizador, al menos de imagen, que tiene el que fuera precedido de la preposición «para» en lugar de la preposición «de», que parecía que construía algo mucho más estático y mucho más definido. Con aquella ley no hacíamos la reforma política, aquella era la ley que permitiría hacer la gran reforma política, y no es por eso equivocada ni errónea la concepción instrumental de la ley, porque hay una concepción meramente instrumental de la ley.

Pero, como he dicho antes, la ley tenía también formulaciones dogmáticas de gran importancia y de gran significación, las cuales dislocaban el conjunto del sistema existente con anterioridad. Y, precisamente, la Ley para la Reforma Política, por la fuerza de las formulaciones dogmáticas que contenía, por sí sola ya implicaba un cambio *de* sistema y no solamente la introducción de cambios *en* el sistema anterior de las Leyes Fundamentales. Es importante percibir, en una muy breve ley, su densidad conceptual y dogmática, así como la fuerza política que tenía como instrumento legal, lo que demuestra la eficacia que tuvo, en definitiva, la Ley para la Reforma Política. Esta supuso la institucionalización del mecanismo, o del procedimiento, por el cual se iba a institucionalizar en España el sistema democrático parlamentario: la monarquía parlamentaria. La Ley para la Reforma Política situó al pueblo español, al poder constituyente, en la posición de poder constituido, incluso en el propio proceso de elaboración de la Constitución, al establecer las reglas con sujeción a las cuales habría de alumbrarse el nuevo texto constitucional.

Yo no querría excederme y no voy a referirme a otros aspectos, porque sería probablemente invadir lo que en la concepción de estos encuentros está reservado a intervenciones ulteriores que aquí se habrán de desarrollar. Mi intervención no debía de ser y no es más que una introducción sobre lo que fue una especie de castillo de proa de la nave con la que arribamos a la orilla de la libertad y de la democracia. Incredulidades, reticencias y también hostilidades, muchas hostilidades, se rindieron, yo creo, ante la evidencia de una transformación bien dirigida y bien orientada. Y las distintas fuerzas políticas se aprestaron a aceptar los cauces ofrecidos, aún con la proclamación y el mantenimiento verbal de sus reservas y, en alguna ocasión, incluso con intentos de torpedear o generar dificultades para que el proceso se culminara satisfactoriamente. Yo creo que es ya un dato histórico incontrovertible, porque son hechos consumados, que, desde la reserva, desde la reticencia o desde el escepticismo, las fuerzas políticas que importaban hicieron un ejercicio de pragmatismo y se incorporaron al proceso político. El proceso político a partir de la Ley para la Reforma Política fue un proceso que pudo desarrollarse, no solo para todos, sino también con todos, y si la fortuna acompaña a la experiencia histórica democrática que entonces iniciamos y en la que afortunadamente seguimos, esto debería ser ya el *mentís* definitivo de aquella tan repetida afirmación de que el pueblo español esta congénitamente imposibilitado para vivir en libertad y en democracia. Por el contrario, supone la consolidación de la convicción generalizada de que España es un solar en el que podemos vivir, y convivir, todos los españoles, cada uno con sus ideas y sus convicciones, sin exclusiones, sin anatemas y sin descalificaciones.

Muchas gracias.

Mesa Redonda.
Los contextos de la Ley para la Reforma Política

Moderador
Miguel Herrero y Rodríguez de Miñón

Ponentes
Fernando Abril Martorell
Javier Rupérez
Raúl Morodo
Juan Luis Cebrián

Miguel Herrero y Rodríguez de Miñón
Señoras y señores, esta Mesa lleva por título «Los contextos de la Ley para la Reforma». Ya saben que los ponentes son don Fernando Abril, que tratará las cuestiones económicas; don Javier Rupérez, que hablará del contexto internacional; don Raúl Morodo, que se referirá a lo que en aquel momento supuso la oposición democrática; y don Juan Luis Cebrián, que tratará del contexto de la opinión pública.
Y sin más, es don Fernando Abril quien tiene la palabra.

Fernando Abril Martorell
Buenos días a todos y, en primer lugar, mi gratitud a la Caja de Cantabria por hospedarnos y, gratitud también, a la Universidad Internacional Menéndez Pelayo y a su rector, que nos acompaña hoy aquí en esta celebración del 20 aniversario de la Ley para la Reforma Política. Y gratitud, especialmente, a Miguel Herrero y

Rodríguez de Miñón, compañero de tantos de nosotros y que a mí, personalmente, tanto me ayudó durante muchos años, en momentos y en circunstancias muy complicadas.

Ha quedado claro en la exposición de Landelino Lavilla –que para mí siempre es una satisfacción, un orgullo y un privilegio poder escuchar y acompañar– que nada en aquel momento de transición se dejó al azar. En primer lugar, por las características de la operación, por la delicadeza de la operación. Y, en segundo lugar, también por las características del personaje que tenía la principal responsabilidad técnica en la conducción del proceso, en quien han quedado acreditadas sus condiciones de rigor y minuciosidad. Y ha quedado claro también el talante –aunque se ha puesto énfasis por Miguel Herrero, y yo también quisiera resaltarlo ante ustedes– y el carácter de generosidad que subyacía y estaba presente en todo el planteamiento de aquella gigantesca e importante operación política. Se trataba de una generosidad que estaba presente en los miembros más singulares e importantes que hicieron posible aquel proceso de transición, en la que estuve en un puesto muy singular al lado de Adolfo Suárez –que fue nuestro presidente en aquel gobierno de la monarquía– y al lado de Alfonso Osorio –que fue vicepresidente nuestro en aquel primer gobierno de Adolfo Suárez. Ese talante de generosidad no estuvo impulsado diariamente por una pasión de poder –por el acceso al poder o por no dejar el poder–, sino que es un talante que puede que sea también fruto de las circunstancias de aquel momento, pero, en todo caso, es fruto de circunstancias personales. Es un talante que adorna al periodo y a las personas que tuvieron una responsabilidad más significada durante aquellos años.

En estos minutos de que dispongo, yo debo hacer una descripción del contexto económico. He tomado unas notas probablemente muy deslavazadas y voy a intentar situarme, y situarles a ustedes, en el contexto de aquellas circunstancias. Ha habido antes, con ocasión de la conferencia de Landelino Lavilla, una digresión que puede ser un poco académica, pero en todo caso muy útil, de si fue posible hacer la reforma política antes del momento en que realmente se produjo o si, por el contrario, las circunstancias lo impedían. También en cuanto al ángulo económico es posible hacer una especulación sobre si el contexto económico ayudaba o dificultaba al proceso de transición política. Anticipo mi posición de que, en cuanto a las circunstancias sociológicas que había producido la evolución económica de España, en mi opinión ayudaban al proceso de transformación política; y, en segundo lugar, creo que la crisis económica también ayudó al proceso de transición política. Intentaré hacer una descripción muy superficial que voy a intentar no cargar de juicios de valor –ni en un sentido peyorativo, ni tampoco ponderativo–, sino simplemente desde una posición descriptiva. Entiendo que todos los procesos sociológicos importantes –y la economía es una parte muy importante del ser humano– tienen una enorme inercia. Por tanto, es muy difícil que exista una varita mágica para un cambio fundamental de la noche a la mañana, pues todos somos, en gran medida, tributarios del ayer y, por supuesto, también en la medida en que se tiene responsabilidad, constructores del mañana.

El proceso de industrialización, que hunde sus raíces fundamentalmente a raíz del Plan de Estabilización del año 1959, permitió una industrialización en mayor libertad, el crecimiento del PIB, el ensanchamiento de las clases medias españolas, el proceso de elevación cultural durante los años 60 y 70, y el proceso, también, de una distribución de renta durante todos esos años. Por tanto, quedan ahí suficientes rasgos estadísticos que yo creo que constituyen una parte fundamental y un capital fundamental para que nuestro país pudiese abordar los aspectos de transformación política que le eran exigidos cuando las circunstancias del gobierno autoritario cambiasen en función de la muerte del general

Franco. Una democracia es muy difícil que pueda subsistir y que pueda funcionar sin un sustrato de decencia, que lo componen un sistema fiscal razonable, un sistema de redistribución razonable y un comportamiento razonable en las cuestiones económicas. Esos aspectos son imprescindibles para un funcionamiento de la situación de la democracia. Por tanto, esa liberalización económica del año 1959, la importancia que va adquiriendo el turismo durante los años 60, y toda otra serie de aspectos, hacen que, en el conjunto de la sociedad española, muchos hábitos y muchas reglas fuesen ya muy similares a las existentes en el conjunto europeo. Faltaba fundamentalmente, o casi exclusivamente, poner en hora el reloj de la reforma política. No obstante, a pesar de todo el crecimiento del PIB, a pesar de toda la industrialización, y a pesar de todo el ensanchamiento de las clases medias, existía todavía en aquellos momentos una economía muy intervenida. Existía un comercio de Estado y existía una reserva en cuanto al comercio por parte del Estado respecto a determinados productos, concretamente todos los de alimentación –o muchos de los de alimentación– y otros más que también se consideraban sensibles. Existían igualmente cartas de autorizaciones respecto a una gama significativa de precios –a docenas o algo más de un centenar de precios– y existían aranceles muy importantes que, por tanto, ponían a la industria en una situación muy especial, y que solo empezaron a rebajarse a partir de 1977 y 1978. Existía también muy poca flexibilidad para el funcionamiento, tanto del mercado de trabajo, como del mercado de capitales. En cambio, no existían, como es conocido, los sindicatos libres y, no existían, tampoco, las asociaciones patronales libres en aquel contexto. Sí quisiera destacar un rasgo fundamental como elemento coadyuvante que ayudó en el proceso y estuvo presente en el proceso, que sería el acuerdo preferencial con la Comunidad Económica Europea que, firmado en el año 1970, resultó un importantísimo jalón –tanto desde el punto de vista político como económico– para un mutuo conocimiento operativo entre España y la Comunidad. Un acuerdo que avocó posteriormente a la integración que tuvo lugar, ya en el año 1986, y en todos los pasos intermedios paulatinos de aproximación.

Junto a esta realidad, otra cuestión fundamental que yo creo que tuvo también que ver en cuanto a la reforma política –o la evolución de la reforma política– fue la crisis del petróleo. Cuando llega la crisis del petróleo de 1973, que a nuestro país vino unos meses más tarde –estalla cinco o seis meses más tarde–, ese año nuestro Producto Interior Bruto está creciendo a razón del 8 % anual. Nuestras reservas de divisas alcanzaban entonces un máximo histórico de lo que había tenido nuestro país con 6 mil millones de dólares, o exceden incluso de los 6 mil millones de dólares, y el paro sobre la población activa, el paro involuntario, excede ligeramente del 2 %, es decir, está muy rebasado lo que, objetivamente, podría considerarse como pleno empleo. En esos momentos está tirándose, más bien, de las otras reservas del sistema, que son fundamentalmente la elasticidad de horarios y las otras capas de población que no están incorporadas a la población activa. Ese incremento del precio del petróleo que se produce bruscamente a finales de 1973 coincide también para nuestro país con el asesinato del entonces presidente del Gobierno, Luis Carrero Blanco, y entonces se juntan dos cuestiones: un impacto económico fundamental y una inestabilidad política o, al menos, precariedad política. Se juntan así problemas derivados de una cierta dependencia energética con la derivada de la naturaleza y el alcance del asesinato de Carrero Blanco. Esa subida del precio del petróleo en el terreno económico produce un empobrecimiento relativo. Nuestra relación real de intercambio respecto al exterior se transforma radicalmente y nos empobrecemos del orden de un 20 %. La demanda disminuye, como es natural, de los bienes de consumo y otros. Disminuye también nuestra capacidad de exportación, sobre todo en nuestras áreas más próximas, puesto que nuestros países más cercanos reaccionan inmediatamente ante ese impacto económico con programas de ajuste y, naturalmente, se resienten automáticamente las exportaciones de lo que nosotros producimos.

Cuando todo esto sucede, nuestro país vive esas circunstancias de precariedad política motivadas por el asesinato del presidente del Gobierno de entonces y la sustitución por un nuevo presidente de Gobierno, Carlos Arias Navarro, todo ello sumado a la edad avanzada del general Franco. Se tratan de unas circunstancias de precariedad política que producen, subrayan o ponen de evidencia una cierta incapacidad de tomar medidas fuertes y medidas enérgicas, en definitiva, medidas atemperadas a la magnitud del impacto y del choque petrolífero. Por tanto, en esas circunstancias de precariedad se adopta la decisión de convivir con la crisis y tratar de puentearla, por entender que, a lo mejor, es a corto plazo y que es cuestión de unos meses y, luego, se volvería otra vez a la situación previa. De alguna manera no se quería ver que empezaba la otra cara de la luna, lo que nunca habíamos visto hasta entonces. Por tanto, no se ve la evidencia, era difícil verla, pero, en fin, por circunstancias de la realidad política nosotros optamos por un sistema de puentear la crisis. El año 1974, y más tarde ya en el año 1975, se tomó conciencia de que esta crisis era duradera y de que iba para largo, por lo que se intentó abordarla con unas medidas más adecuadas de ajuste que permitieran combatir la crisis o los síntomas de crisis derivados por la problemática del petróleo. Mientras, el sistema político ya había pasado la primera enfermedad de Franco –que ocurre en el verano de 1974– y se va debilitando conforme la situación económica va haciéndose más compleja. La situación política va expresando más claramente su propia precariedad y, por tanto, aunque durante el año 1975 hay un diagnóstico más acertado respecto a la magnitud y carácter de la crisis económica, no existe suficiente fuerza política para abordarlo.

A finales del año 1975 llega la muerte del general Franco y empieza el primer gobierno de la monarquía, también con Carlos Arias Navarro como presidente, que se prolonga durante cerca de seis meses. Coincido con Landelino Lavilla cuando indica que, posiblemente, el fracaso de aquella experiencia de alguna manera hizo más posible el éxito del gobierno que lo siguió. De algún modo era conveniente, o era necesario, o era probablemente imprescindible, la conciencia de fracaso, la conciencia de haber agotado otro tipo de vías. Pero lo cierto es que el caudal de esperanzas que se abre con el advenimiento del rey don Juan Carlos I evidencia al cabo de seis meses que esa esperanza grande se ha convertido en un sendero estrecho y con pocas esperanzas. Simultáneamente, la situación económica también está evolucionando con unos agentes que no habían crecido con libertad pero que, sin embargo, existían. No existían los sindicatos libres, pero sí que existían las Comisiones Obreras de Marcelino Camacho, las cuales habían participado en los sindicatos del régimen anterior y que se habían desarrollado y participado en los convenios y, por tanto, tenían una gran afiliación y una presencia muy activa en las fábricas, en el mundo económico y en el mundo político español. Existía también la Unión Sindical Obrera, con José María Zufiaur como secretario general y con otros compañeros suyos que habían participado también en todo el proceso de convenios del sistema de los sindicatos anteriores, por lo que tenían una experiencia de negociación y de convenios. El mundo empresarial estaba, en cambio, muy temeroso en el año 1976. Ellos tenían la organización empresarial única propia de los sindicatos anteriores, del Sindicato Vertical, y no sabían cómo organizarse ante el proceso de transformación política. Existían unos intentos tímidos por un conjunto de organizaciones dispersas. Hubo ciertos intentos en

Madrid, hubo otros intentos en Cataluña alrededor de Fomento del Trabajo Nacional, hubo ciertos intentos en algunas federaciones menos importantes y algunos intentos también entre la pequeña y la mediana empresa. Todas esas iniciativas ya fructificaron en septiembre de 1977 con la constitución de lo que luego resultó la Confederación Española de Organizaciones Empresariales. Pero, en aquel momento, estaban comprendiendo claramente que ese mundo sindical-político de representación anterior estaba agotado, comprendiendo que tenían que pasar a una representación y a una asociación en libertad, pues lo que se empezaba a entender era que el cambio político se trataba de una condición previa y necesaria para desarrollar las soluciones económicas.

En este sentido, en lo que yo recuerdo, esta situación de convivir con la crisis económica –que por razones políticas y por razones de precariedad política se fue postergando– se mantiene con intermitencias hasta julio de 1976. Entonces se conforma el primer Gabinete de Adolfo Suárez y se emprende, con paso decidido, el camino de la reforma política como cuestión previa para poder abordar con posterioridad las soluciones a la situación económica. Y es precisamente a través de la reforma política donde se encuentran las fuerzas y el lenguaje para solicitar los esfuerzos a la sociedad para poder combatir la crisis económica. Era evidente que sin fuerza y sin prestigio del sistema político era imposible solicitar a una sociedad los esfuerzos que requería el cambio de circunstancias que había producido la crisis económica a escala nacional. Pero yo creo también que, de alguna manera, un sistema político que venía de tener éxitos económicos importantes en todo el proceso de industrialización, con crecimientos importantes tal y como he dicho que llegaron el año 1973 hasta un 8 %, si no hubiera sido por su precariedad política y si no hubiera sido también por la propia crisis económica, probablemente se hubieran planteado más resistencias para su sustitución. De alguna manera, la debilidad económica añadida que producía la crisis del petróleo colaboró en el sentido de hacer a la sociedad y a las fuerzas existentes más plásticas, más receptivas y más susceptibles de toda reforma. Yo creo que, en alguna medida, en la parte que se quiera valorar, las circunstancias económicas colaboraron a hacer más plástico ese cambio.

Y, sin más, muchas gracias por su atención.

Miguel Herrero y Rodríguez de Miñón

Muchas gracias, don Fernando Abril. Ahora, don Javier Rupérez, tiene la palabra.

Javier Rupérez

Muchas gracias. Me corresponde intentar situar el contexto internacional, el contexto exterior de la Ley para la Reforma Política y lo haré, en primer lugar, con dos referencias inexcusables y necesarias. La primera, sobre cuál era la situación internacional en 1975 y 1976 cuando se produce la reforma política. La segunda, sobre cuál era la situación que España tenía en esa esfera internacional en el mismo periodo.

Yo creo que la mejor manera de referir y narrar cuál era la situación internacional es hacerlo recordando que el 1 de agosto de 1975 se firma el Acta Final de Helsinki de la Conferencia sobre la Seguridad y la Cooperación en Europa que, aun sin saberlo en aquel momento, iba a inaugurar el último periodo de lo que era conocido como Guerra Fría, «coexistencia pacífica» o «coexistencia –más o menos– intensa». Esa es la primera conferencia internacional de cierto porte en la que la España franquista había participado. Hay que recordar que, junto con otros nombres ilustres de la vida internacional como Tito, Agostino Casaroli, Olof

Palme, Giscard D'Estaing o Leonid Brézhnev, el español que pone su firma debajo del Acta Final de Helsinki es Carlos Arias Navarro. Consiguientemente, estábamos viviendo en una situación internacional relativamente distendida en donde las primeras bases del entendimiento entre los dos mundos separados se estaban poniendo fin o, por lo menos, se había evitado todo lo que era la más dura parte de la confrontación en torno a las diferencias ideológicas de los dos bloques. Es evidente, por otra parte, que la situación internacional, desde el punto de vista económico, era relativamente favorable. No era el año 1973, sino que estamos ya en 1976. El golpe que había supuesto la crisis petrolífera del 73 se había ido asumiendo de una manera más o menos pacífica, con lo cual esa España que estaba de una manera imperfecta o un tanto oblicuamente conectada con la economía internacional, tenía todavía algún margen de actuación internacional –y al mismo tiempo interior– desde el punto de vista económico. Hay que recordar que los Pactos de la Moncloa se producen en octubre de 1977, precisamente con el colchón político que se había producido, en gran parte también, por esa situación internacional.

¿Qué es lo que el mundo definido por esa situación de la distensión en el año 1975 espera que haga la España del posfranquismo, la España después de muerto Franco? Hay que recordar, por una parte, que España estaba, como digo, oblicuamente conectada con el sistema internacional a través de los pactos con los Estados Unidos firmados en 1953 y, desde ese punto de vista, hubiera resultado extraño que España hubiera hecho en su evolución política cualquier cosa que no fuera simétrica, o que no estuviera en sintonía, con una evolución hacia las democracias occidentales. También estaba ahí la Revolución de los Claveles de Portugal en 1974, que había supuesto una cierta llamada de atención para lo que podía ocurrir en el caso de que lo que se esperaba que fuese lo lógico –que era la evolución hacia las democracias occidentales de los dos países que, en aquel momento, vivían en dictaduras–, se tornara en algo indebido. Naturalmente se pueden hacer muchas especulaciones al respecto sobre si «el golpe de los claveles» al final fue abortado por la intervención de la CIA o si fueron, pura y simplemente, los portugueses quienes abortaron la primera inclinación revolucionaria de la Revolución de los Claveles. Yo, personalmente, creo que tanto Otelo Saraiva de Carvalho como Francisco da Costa Gomes –que son, en muchos sentidos, los protagonistas de esa primera parte de la revolución portuguesa– no sabían, o no querían saber muy bien, en qué mundo estaban introducidos. No querían saber las consecuencias de sus actos y la verdad es que, desde ese punto de vista, lo que ocurrió posteriormente en España se vio beneficiado por aquella experiencia. Se vio beneficiado no tanto porque nos sintiéramos coartados en nuestras propias decisiones por la evolución internacional, sino también porque nos ayudó a saber cuál era la lógica de los acontecimientos. Y tengo que decir también que, en cualquier caso, como luego habría de verse en el impulso de la reforma política, la voluntad de los patrocinadores, de sus autores y del mismo entorno interno mostraba claramente, con independencia de las polémicas entre la ruptura y la reforma, que el objetivo básico para todos los protagonistas en el poder –en el Gobierno o en la oposición– era claramente acercarse a ese modelo de democracia occidental. De manera que, desde ese punto de vista, tanto como reflejo al cual no parecerse, como por iniciativa propia, lo que era claro es que ya en el primer momento de la reforma política la inclinación era claramente hacia los modelos de las democracias occidentales.

En el momento de la muerte de Franco, España era un país que estaba normalizado en la anomalía exterior. Es cierto que 1976 no es 1946 y no es, por tanto, el momento en que España se ve sancionada por las Naciones Unidas, no únicamente a quedar fuera del sistema de las Naciones Unidas recién nacido en aquel momento, sino también sancionada entre otros aspectos con la retirada de los embajadores. Pero, en 1976, continúa siendo un país que pervivía como una anomalía más o menos tolerada, más o menos normalizada, pero ciertamente una anomalía. La anomalía se reflejaba en que España no había formado parte de los procesos constitutivos de la Comunidad Económica Europea o de la OTAN. En el año 1975 tenía una amplia carencia desde el punto de vista de la normalización de las relaciones diplomáticas. No tenía relaciones con los países del este, no tenía relaciones diplomáticas con México y no tenía relaciones diplomáticas con Israel. España, por otra parte, se veía en aquel momento con una situación enormemente compleja y complicada, nada positiva desde el punto de vista de las relaciones, con el Vaticano. A estas alturas, parece como si las relaciones con el Vaticano fueran un dato marginal y, efectivamente, en algunos sentidos lo es en el contexto de las relaciones diplomáticas internacionales. Pero, en aquel momento, era un dato significativo. Debe tenerse en cuenta que en el año 1953 se había firmado el Concordato y los acuerdos con los Estados Unidos y, esas dos firmas, habían consistido y habían formado los pilares, más o menos débiles, sobre los cuales se había basado la diplomacia del franquismo. Pero, en los últimos años del régimen, la Iglesia –que había colaborado activamente en los primeros años de la posguerra civil con el sistema– fue tomando progresivamente una postura de alejamiento crítico. Por una parte, producida por razones pragmáticas y, por otra parte, inducida por lo que había supuesto el impacto del Concilio Vaticano II en las percepciones de los católicos –y de los que no lo eran– en las relaciones entre las dos tradicionales potestades: la Iglesia y el Estado. Finalmente, cabe recordar también que, en septiembre de 1975, se habían producido las últimas ejecuciones capitales que habían tenido lugar durante los años del franquismo, que habían producido –quizás en una especie de rebote dramático– exactamente las mismas situaciones que se habían producido en el año 1946, esto es, la retirada de embajadores de gran parte de los países miembros de la Comunidad Económica Europea. No cabe olvidar también que, a principios de noviembre de 1975, prácticamente unos pocos días antes de la muerte del general Franco, se produce lo que se llamó la Marcha Verde, que fue la invasión pacífica por parte de Marruecos del territorio del Sáhara Occidental, todavía en manos coloniales españolas, produciendo lo que quizás sea el momento internacional más bajo que ha conocido este país, posiblemente en el curso de los últimos cien años recordando la pérdida de Cuba, Puerto Rico y Filipinas en 1898.

De manera que la herencia, desde el punto de vista internacional, es harto complicada y es harto pesada. La herencia indica, sobre todo, la necesidad de normalizar toda una serie de presencias internacionales que en aquel momento no se producían. Hay dos fases claramente delimitadas en el año 1976. La primera fase está todavía dominada por la figura de don Carlos Arias Navarro como presidente del Gobierno. La segunda fase, en cambio, se abre el 3 de julio de 1976 con la presencia de Adolfo Suárez al frente de la presidencia del Gobierno. Yo soy más bien de los que creo que las cosas se hubieran podido hacer desde el principio, desde el año 1976. Yo no coincido aquí con los análisis de Landelino Lavilla, pues creo que hubiéramos podido vivir sin aquellos primeros seis meses de *impasse*. Desde el punto de vista internacional, entre otras razones, porque se retrasaron exactamente seis meses los aspectos más importantes y más significativos de lo que era la normalización internacional de España. Hay que reconocer, sin embargo, que hay dos o tres aspectos no olvidables en esos primeros seis meses.

En primer lugar, debe mencionarse que los americanos reaccionan rápidamente, quizá para evitar el síndrome portugués. En el mes de enero de 1976, Kissinger visita Madrid y procede a la firma –con la elevación formal correspondiente– del Tratado de Amistad entre España y los Estados Unidos. Como seguramente todos ustedes saben, aquellas relaciones abiertas en 1953 nunca llegaron a tener, hasta el año 1976, el carácter formal de Tratado. Ello se debía, precisamente, a que los gobernantes americanos sabían que tendrían dificultades para su ratificación en un Congreso democrático –como fue siempre el americano– y, por eso, se siguió la fórmula de los llamados acuerdos ejecutivos, que permitía que con la sola autoridad del presidente americano se procediera a mantener aquellos acuerdos, sin necesidad de pasar por la ratificación parlamentaria. Ya en los últimos meses del franquismo se insiste mucho en la elevación formal de esos acuerdos, pero solo se produce en el año 1976, con mucho olfato formal de Kissinger, en aquel momento Secretario de Estado del Gobierno de los Estados Unidos. Entonces se producen dos datos significativos. El primero es la elevación del rango formal de los acuerdos, que pasan a ser Tratado. El segundo es el compromiso por parte de los Estados Unidos de que, a partir de 1979, desaparecieran las armas nucleares que todavía estaban desplegadas en nuestro territorio. Segundo dato que hay que recordar de esta primera etapa es la buena voluntad de José María de Areilza, ministro de Asuntos Exteriores en aquellos seis meses del primer gobierno de la monarquía. Una buena voluntad que se mostró en su deseo ardiente, y ciertamente plausible y loable, de vender la monarquía democrática y parlamentaria. Una labor que emprendió con más buena voluntad que éxito, porque es evidente que en aquellos primeros seis meses no se acababa de creer en el exterior que las primeras manifestaciones del posfranquismo fueran a acabar en una monarquía parlamentaria. Y el tercer dato que también hay que recordar son los efectos de lo que se había producido a raíz de la Marcha Verde, que era la firma de los acuerdos entre España, Marruecos y Mauritania. En la práctica, estos suponían una cesión de soberanía por parte de España del territorio del Sáhara Occidental a esos dos países, a través de una compleja y hábil interpretación política, diplomática y jurídica. Lo que había sido en el entendimiento de Marruecos y de Mauritania una transferencia de soberanía se tradujo exclusivamente en una transmisión de administración. Eso trajo consigo toda una serie de dificultades que complicaron enormemente las relaciones entre España, Marruecos y Argelia en dichos momentos, pero eso se consiguió resolver en aquellos primeros seis meses.

Pero lo que no se consiguió, y no se consiguió ni en el plano interno ni en el plano externo, es dotar de credibilidad al momento de la reforma, al momento del cambio, al momento de la nueva imagen y de la nueva realidad de España. Y eso se puso de relieve, fundamentalmente, en dos temas que ya empiezan a ser tratados y, sin embargo, sistemáticamente retrasados durante esos primeros seis meses de 1976. Estos son la mejora de las relaciones con el Vaticano por un lado y, al mismo tiempo, las primeras manifestaciones de lo que la España del posfranquismo quería hacer con el tema de los derechos humanos y de las libertades fundamentales, precisamente en el terreno en donde lo podía hacer ya y donde lo debía hacer, que era en el terreno internacional. Para eso había que esperar precisamente a que llegara el gobierno de Adolfo Suárez y se produjeran las primeras manifestaciones al respecto.

En lo referente al Vaticano hay que recordar que, muy tempranamente después de la toma de posesión como primer ministro de Adolfo Suárez, se produce el primer cambio de actitud entre los dos elementos: España y el Vaticano. El rey dirige una carta al Papa renunciando a unos de los que habían sido –como resto todavía de la política regalista de Franco– uno de los elementos fundamentales de la política de cara al Vaticano: la presentación de los obispos. El rey, todavía Jefe del Estado preconstitucional, hace uso –quizás una de las pocas ocasiones en la que lo hace– de las facultades marginales que le quedan del antiguo sistema y renuncia a ese derecho de presentación episcopal. Y de manera simétrica y paralela, el Vaticano al mismo tiempo renuncia al que se llamaba privilegio del fuero, que era la posibilidad de que los clérigos estuvieran sometidos a un fuero judicial diferente del resto de la población. Y, por otra parte, lo que sí se produce también de manera muy temprana es, como decía anteriormente, la firma por parte del nuevo gobierno español presidido por el presidente Suárez de los textos internacionales relativos a los derechos humanos. Se firma la Declaración Universal de los Derechos Humanos de 1948 y también los protocolos correspondientes, tanto los relativos a los derechos políticos y civiles, como los relativos a los derechos económicos y sociales.

A este respecto cabe recordar algunas cuestiones. En septiembre de 1976, Marcelino Oreja, como ministro de Asuntos Exteriores, es el primer ministro de la España posfranquista en comparecer ante las Naciones Unidas. Como saben, esa comparecencia anual de los ministros de Asuntos Exteriores tiene algo de ritual simbólico, porque es un poco el resumen de lo que los Estados correspondientes quieren hacer en sus relaciones internacionales. Marcelino Oreja, en aquel momento ante las Naciones Unidas, dice que nuestro país atraviesa un proceso de transformación de sus estructuras interiores que le conduce, porque esa es la voluntad del pueblo español, del Gobierno y de la Corona, a la implantación de un sistema democrático. Después de eso, añade que este propósito influye en los planteamientos y realizaciones de nuestra política exterior, porque España está incluida en un determinado espacio geopolítico, pues somos europeos y occidentales por la vocación cultural y la geografía. También añade que el gobierno español quería expresar su firma voluntad de hacer del respeto de los derechos fundamentales y de las libertades fundamentales una pieza clave de su política interna y externa. En la declaración gubernamental que nos recordaba Landelino Lavilla hace unos momentos, en los primeros días de julio del año 1976, en la parte dedicada a la política exterior se dijo: «el Gobierno afirma la continuidad de las líneas fundamentales de la política exterior de España y proclama su voluntad de mantener relaciones normales y amistosas con todos los países.

Manifiesta el Gobierno su voluntad de integración en las Comunidades Europeas y declara su voluntad de plena concordancia con la Santa Sede y de adecuar sus relaciones jurídicas en el marco apropiado de las actuales exigencias de la Iglesia y de la sociedad española». De modo que, de manera muy temprana, está anunciada esa voluntad de parecerse a los demás, de parecerse al resto de las democracias parlamentarias desde el punto de vista de su conducta internacional. De hecho, en abril de 1977, sería el propio Suárez, durante la primera visita que hacía a los Estados Unidos, cuando, ante el secretario general de las Naciones Unidas, deposita el documento de la ratificación de los textos a los cuales acabo de hacer referencia.

Yo creo que todo eso marca fundamentalmente cuál es la situación que se produce desde el punto de vista de la política exterior española en los primeros tiempos de la reforma política, que deben ser acompañados de dos referencias adicionales. Una es la reacción de la comunidad internacional –fundamentalmente de las comunidades europeas– ante el proceso de normalización y de reforma política. La reforma es recibida al principio con cierta distancia. Sin embargo, a partir de finales de 1976, el consejo de ministros de la Comunidad se va acercando de manera progresiva y reconociendo el valor que tiene la reforma política. Desde el punto de vista del Consejo de Europa yo creo que es necesario recordar que, a finales de 1977, el Consejo de Europa admite a España en su seno sin que se cumpla uno de los requisitos fundamentales de lo que era el Consejo de Europa y lo que sigue siendo el Consejo de Europa, que es haberse dotado ya de una Constitución democrática. Era una prueba fehaciente y palpable de la confianza que el proceso de reforma política suscitaba en medios internacionales. Y, finalmente, cabe recordar que, en los primeros meses de 1977, se produce la normalización de las relaciones diplomáticas con todos los países del Pacto de Varsovia –con los que durante 40 años no habían existido relaciones– seguido de las relaciones con México en marzo de 1977. Sería el 28 de julio de 1977 cuando, después de las primeras elecciones democráticas celebradas en España, el Gobierno presenta ante la comisión de las Comunidades la petición formal de apertura de negociaciones para entrar España en la Comunidad Económica Europea. De manera que, en el periodo que transcurre entre noviembre de 1975 y julio de 1977, los elementos esenciales de la normalización diplomática de España estaban acabados y creo que son datos que hay que tener en cuenta, porque esos datos no son ajenos a todo el proceso de la reforma política.

Gracias.

Miguel Herrero y Rodríguez de Miñón

Gracias, Javier Rupérez. Hasta ahora hemos visto la visión de dos personas pertenecientes al interior del Gobierno y de la administración superior, tanto el entonces ministro Fernando Abril, como el entonces jefe de Gabinete del ministro de Asuntos Exteriores, Javier Rupérez. Se tratan, por tanto, de los contextos de la reforma desde la visión interna del Gobierno. Ahora nos corresponde ver la visión de quienes eran externos al Gobierno por moverse, o en otros pagos políticos, o en la sociedad y no en el mundo del poder público. Por eso, exactamente, les hace ver lo que ahora Raúl Morodo puede decirnos de la aportación de la oposición democrática de aquel entonces –con su pluralidad y con sus diferentes posiciones– al proceso del que la Ley para la Reforma es piedra angular. Raúl Morodo tiene la palabra.

Raúl Morodo

Ante todo, quisiera felicitar al rector de la Universidad Menéndez Pelayo y al Presidente de la Caja Cantabria por la iniciativa de este encuentro para comentar la Ley para la Reforma Política y agradecerles la invitación que se me ha hecho.

El tema que se me ha sugerido es el siguiente: cómo se veía el proceso de cambio que supuso la Ley para la Reforma Política de 1977 desde fuera del Régimen, es decir, especialmente, desde la oposición democrática (Junta Democrática y Plataforma de Convergencia). En general, esta Ley se veía con escepticismo grande, porque otras declaraciones o iniciativas «reformistas» se habían frustrado por distintas razones, fuese por la presencia del general Franco o por la propia naturaleza del Régimen. El sistema institucional dominante respondía, en efecto, a una legitimación inamovible. Es decir, el 18 de julio, con la guerra civil. Sin embargo, es cierto que existían personalidades y grupos intra-Régimen que promovían cambios, tanto de sectores procedentes del Movimiento, como de personas independientes de ideología diversa, y amplios sectores sociales. La idea de cambio se va generalizando.

Así, un nuevo discurso se dinamiza en la sociedad española: reformismo, rupturismo y continuismo. Surge de esta manera una nueva terminología política y no surge por azar: surgirá por necesidad social. Y estos tres conceptos expresarán la nueva situación. Habrá conexiones unas con otras, es decir, no constituyendo compartimentos estancos. Surgirán continuistas históricos que se deslizarán a un reformismo más o menos avanzado, y rupturistas que iniciarán aproximaciones a un reformismo no menos abierto. El resultado de este proceso, que será sorprendentemente rápido, culminará en una concordia consensuada. Consenso anómalo porque en la historia política española contemporánea siempre dominará la radicalidad ideológica. Así, hemos preferido las guerras civiles a las guerras internacionales. Siempre ha predominado el mantener posiciones cerradas frente a la búsqueda de transacciones, como si dialogar se equiparase a traición. Nuestra última guerra civil, entre 1936 y 1939, que fue una guerra total –política, social y cruzada religiosa– fue el resultado natural de esta concepción anti-transaccional. En la nueva situación de estos años 70, ya fallecido Franco, tal vez, se pueda decir que, en gran medida, el miedo jugará un papel positivo. Un miedo común tanto en la oposición democrática –sin excluir, por supuesto, el entusiasmo– pero miedo también, por la inseguridad de futuro, en los sectores del Régimen. La conjunción de estos miedos y de dudas sobre el futuro llevará inevitablemente al llamado consenso, situación que recuerda al viejo Hobbes: eliminar el miedo mediante las transacciones significa establecer seguridad convivencial.

Dentro de este contexto, la Ley para la Reforma Política será, por la iniciativa de los sectores abiertos gubernamentales, el instrumentum operativo del reformismo. En la etapa anterior a Adolfo Suárez como Presidente, aunque existían personas aperturistas, la del entonces presidente Carlos Arias no tuvo credibilidad alguna, porque en el fondo era evidente que no existía una voluntad real de cambios significativos. Al menos, desde la oposición democrática se percibía como un inmovilismo muy cerrado. Pero, paradójicamente, será desde el ámbito del propio partido único (la Secretaría General del Movimiento Nacional), con dos de sus Secretarios Generales (Torcuato Fernández-Miranda y Adolfo Suárez), cuando se iniciará la «nueva operación reforma». Llevará, sin duda, a enfrentamientos, pero la batalla la perderá el continuismo. Personalidades del Movimiento defenderán el proyecto de Ley (Fernando Suárez) y hábiles juristas independientes (Landelino Lavilla o Miguel Herrero, entre otros) constituirán un hábil artificio jurídico, inicialmente mistificador, pero operativo, buscando neutralizaciones y ya aquí con una voluntad de cambio.

¿Cómo se vio políticamente esta Ley, en principio, por la oposición democrática? He señalado antes que con gran escepticismo. Para la oposición que defendía la ruptura democrática se trataba aparentemente como una norma dentro del ámbito de las Leyes Fundamentales, es decir, dentro de la propia legalidad franquista, y, entre otros aspectos, no se establecía el carácter constituyente de unas Cortes anunciadas. Sin embargo, se hablaba del reconocimiento de la soberanía popular. ¿Había voluntad política real, es decir, facilitar el camino a una democracia? ¿El Rey también estaba en esta operación? Eran dudas razonables que pronto se irían disipando. En aquellos momentos, el problema no se centraba tanto en la ambigüedad del texto legislativo, sino en si había la voluntad de fondo de un cambio democrático. Formalmente, a esta Ley, en el fondo, se la seguía viendo como el Estatuto Real de 1834, es decir, una Carta Otorgada, que era simplemente instrumental. Así que, dada dicha realidad, la radicalidad de la oposición estaba generalizada: no asumir esta Ley para la Reforma Política. Sin embargo, la realidad llevaría a un proceso distinto, ya que el pragmatismo, no frecuente, comenzaría a abrirse camino. Gobierno y oposición iniciarán conversaciones informales y, ya más tarde, negociaciones para problemas concretos. La legalización de los partidos políticos, casi todos, incluyendo, por último, al Partido Comunista, evidenciará que existía voluntad de cambio.

Permitidme una digresión personal, pero que tiene relación con este tema. Yo conoceré a Adolfo Suárez a mediados de los años setenta y por un azar. No vivíamos ni en los mismos círculos universitarios, ni en los mismos círculos políticos. Pero, con las familias respectivas, llegamos a conocernos en el mismo edificio, en una casa de pisos, en la zona de Puerta de Hierro madrileña. Y en la piscina del edificio, con los niños, un día Suárez se acercó con toda naturalidad y nos saludamos. Y a partir del segundo encuentro ya iniciaba temas políticos él. Ante mi escepticismo a su visión de los cambios que quería protagonizar, yo solía responderle con un «Ojalá lo consigáis». Aunque este hecho anecdótico significa algo más importante: que, en muchos ámbitos, comenzaba a generalizarse un nuevo espíritu de entendimiento y diálogo. El factor humano facilitaría encuentros y conciencia de llegar a acuerdos. Se trataba de cumplir con una exigencia social ampliamente generalizada. En el asunto de la monarquía, aunque nuestro partido (el PSP) era formalmente republicano –aunque menos que el PSOE–, Tierno Galván siempre manifestaría desde finales de los años 50 que la monarquía podría ser una salida si fuese democrática.

Podemos decir, así, que la Ley para la Reforma Política, que es una iniciativa gubernamental, como punto de partida, será la que, con conversaciones y acuerdos políticos posteriores, neutralizando en las propias instituciones franquistas a los sectores inmovilistas y asumiendo los valores democráticos y con un referéndum *ad hoc*, pondrá en marcha la democracia en España. Con todo, en la oposición democrática no se pedirá el «sí», sino la abstención, pero ya con la conciencia implícita de que el sí ganaría, la operación reformista estaba ya pactada. Creo recordar que la abstención fue solo el 22 % de los votos emitidos.

Así pues, para finalizar esta muy breve intervención, se puede asentar que la Ley en cuestión, aunque apareciese como una nueva Ley Fundamental del franquismo ya evolucionado, cambió el largo sistema que había durado 40 años en España. Y, en este sentido, hubo, de hecho, ruptura del mismo, o, como diría Carl Schmitt, se produjo una destrucción de la legalidad anterior. Del sistema franquista –totalitario o autoritario– se evolucionó así a un sistema de Estado de Derecho y de democracia pluralista.

Muchas gracias.

Miguel Herrero y Rodríguez de Miñón

Gracias, don Raúl Morodo. Parece indudable que, en el proceso de transición política, la opinión pública y, más aún, la opinión publicada en los medios de información, tuvieron un especial protagonismo incluso antes de producirse el hecho sucesorio, y aun después, y a través de todo el proceso de elaboración de la Constitución. En este marco no cabe duda de que la aparición del diario *El País* supuso un importantísimo hito. Y por eso, nadie mejor que el entonces director de *El País*, don Juan Luis Cebrián, puede hablarnos de lo que la opinión pública y los medios de información supusieron como contexto para la Ley para la Reforma Política. Don Juan Luis Cebrián tiene la palabra.

Juan Luis Cebrián

Muchas gracias a Miguel Herrero de Miñón, al rector de la Universidad Menéndez Pelayo y al presidente de la Caja de Cantabria.

En realidad, después de la sesión de esta mañana está casi todo dicho y yo me voy a permitir en ahondar, sin embargo, en algunos de los conceptos muy brevemente. En primer lugar, vaya por delante mi convencimiento de que la transición política comenzó con el asesinato de Carrero Blanco. Es en ese momento cuando el franquismo, ante un hecho que no preveía, se encuentra que quien ocupaba el delfinato del poder del general Franco desaparece violentamente, y que no existen resortes o mecanismos de sucesión que garanticen la continuidad del aparato jurídico y político de la dictadura. Yo creo que es a partir de ahí cuando se suceden diversas experiencias e intentos reformistas o aperturistas en el seno del régimen y cuando se multiplican los contactos con la oposición. Si digo esto es para enmarcar y resaltar lo que se ha dicho respecto a la importancia del miedo. Yo creo que había muchísimo miedo en este país. Un miedo formidable. Hay que recordar que el franquismo acabó con las ejecuciones de septiembre de 1975 y con el bloqueo internacional. Había un miedo formidable, sobre todo, a la intervención del ejército y a la repetición de enfrentamientos civiles. Por otra parte, los franquistas tenían miedo a un proceso en el que se reclamaran responsabilidades de todo tipo –económicas, políticas o de cualquier género– por el pasado reciente del país. Y este miedo yo creo que condicionó durante muchos años todo el proceso de transición o, por lo menos, así lo vivíamos desde los medios de comunicación.

Miedo, recelo, desconfianza y, al mismo tiempo, esperanza de que se estaba construyendo un régimen diferente. Naturalmente este recelo no disminuyó, sino que creció de tono, cuando fue nombrado presidente del gobierno Adolfo Suárez. Por razones evidentes, Adolfo Suárez era lo que era. Era el ministro Secretario General del Movimiento, por lo tanto, del partido único que había configurado ideológicamente el franquismo. Pero es que, además, Suárez había presentado ante las Cortes la Ley de Asociaciones Políticas, que no es que no satisficiera los mínimos de la democracia o de la oposición, sino que provocaba verdadera hilaridad en los ambientes políticos cuando se pretendía hablar de una democratización. Por lo tanto, yo creo que el nombramiento de Adolfo Suárez causó estupor y desánimo en la opinión pública. Es el momento del famoso artículo de Ricardo de la Cierva –que luego sería ministro precisamente de la UCD– que decía: «¡Qué error, que inmenso error!». Además, Ricardo de la Cierva atribuía esta frase referida al nombramiento de Adolfo Suárez como presidente del Gobierno a don Juan de Borbón. Es decir, que incluso en las filas cercanas o en las filas monárquicas se consideró que aquello era verdaderamente incomprensible. Los hechos, posteriormente, vinieron a quitar la razón a los que así pensaban. Vinieron a quitar la razón, en gran medida, por personas presentes en esta sala, puesto que Adolfo Suárez tuvo enormes dificultades para formar gobierno y fueron los democratacristianos –y muchos de ellos en torno a lo que había sido desde la prensa el grupo Tácito– los que le facilitaron esta tarea y los que, probablemente, le encaminaron en gran medida –no digo solo ellos, pero en gran parte ellos– hacia lo que sería la Ley para la Reforma Política.

Luego está el tema de la monarquía, sobre el que también quiero insistir, porque creo que no se ha dicho algo importante, aunque Landelino Lavilla lo ha sugerido con mucha finura y elegancia. El problema estaba en que el rey había jurado los Principios del Movimiento y las Leyes Fundamentales del franquismo, y es de prever –aunque él no lo haya hecho explícito– que el rey también tenía miedo al ejército y a la situación, y no se quería dar ningún tipo de excusa para una intervención militar o para que se le pudiera acusar de que había traicionado un juramento que había prestado libremente. Por lo tanto, para la continuidad de la monarquía, con instituciones democráticas y parlamentarias, se tenía que combinar la legitimidad dinástica –que vino mediante la abdicación de don Juan– y la legitimidad inicial de origen franquista –a la que el rey había prestado su consentimiento mediante el juramento–. Yo creo que gran parte de todo lo que sucede después –la Ley para la Reforma Política, el *harakiri* de la legalidad franquista o la insistencia en cumplir la legalidad franquista, que de hecho se cumplió, aunque retorciéndola y, finalmente, desfigurándola y acabando con ella– se debe, precisamente, a esta circunstancia que no es siempre tenida en cuenta.

En lo que no estoy de acuerdo es en que todo estuviera prediseñado. Pero, a lo mejor, estaba prediseñado o diseñado, lo que pasa es que desde los medios no lo vivíamos así. Yo creo que la polémica entre la ruptura y la reforma era la polémica entre si teníamos que ir a un proceso constituyente o, simplemente, hacia un cambio de las leyes que democratizaran el régimen. Y yo no creo que Adolfo

Suárez –o por lo menos no dio signos al principio– estuviera convencido de que había que ir a un proceso constituyente, pues ni siquiera la Ley para la Reforma Política abre un proceso constituyente. Las elecciones del año 1977 no son convocadas como constituyentes y, explícitamente, hay declaraciones en ese momento de la UCD y de Adolfo Suárez advirtiendo de que no estamos ante un proceso constituyente. Ósea que yo creo que el proceso constituyente se produjo, en gran medida, por la fuerza de los hechos y, probablemente, con alguna improvisación. De no ser así, no entenderíamos por qué se hizo tan mal el tema de las autonomías si, efectivamente, había un diseño político, de una Constitución más o menos dibujada, que respondía a los problemas del país. No se entendería por qué resolvimos tan mal el Título VIII, que todavía nos está dando quebraderos de cabeza. Y otro motivo para pensar que no estaba diseñado es lo mal que se hizo la amnistía política. Un acto tan formidable como era aquel parecía que el Gobierno no se atrevía a administrarlo de una vez por todas, precisamente por miedo probable a los efectos perniciosos que eso podría suponer en el ejército. Entonces sentimos que se otorgó lo que se llamaba la amnistía «a cuentagotas». Al final la amnistía fue real, efectiva y total, pero se obvió un acto de reconciliación o de perdón.

El miedo del momento –que era fundamentalmente a las Fuerzas Armadas y al ejército– también era a las bandas fascistas. No estoy seguro –por hacer matizaciones a una conferencia que me ha parecido esplendida y que resume gran parte de lo que yo pienso de la Transición– de que el Gobierno de la época pudiera decir que se encontraba ante una amenaza revolucionaria y otra amenaza involucionista. No había amenazas revolucionarias. Sí había amenazas involucionistas. Cierto que había algunos conflictos sindicales o algunas ocupaciones de fincas, pero, frente a eso, los sucesos de Montejurra o los sucesos de Vitoria –provocados por un simple movimiento sindical–, lo que ponían de relieve es que había bandas fascistas –a veces en combinación con el aparato del Estado y otras veces que operaban por libre– que amenazaban el proceso constitucional y democrático, alimentando ese miedo al que, efectivamente, me refería. Incluso cabe matizar respecto al terrorismo etarra. El primer número de *El País* es del 4 de mayo de 1976 y, en la primera página de ese primer número, viene precisamente la noticia de un guardia civil asesinado por ETA. Pero, lo que no cabe duda, es que su amenaza terrorista a la Transición no era tal, pues lo que trataban de provocar era una reacción contraria de las fuerzas de seguridad y del ejército. De eso no cabe duda. El peligro para la reforma venía de esa posible reacción violenta contra la amenaza terrorista. Tenemos en estos momentos un recrudecimiento formidable del ataque terrorista en este país y, sin embargo, yo no creo que nadie pueda decir o pensar que eso pone en peligro la estabilidad democrática. En cualquier caso, yo creo que hubo mucha violencia, pero probablemente mucha menos de la que algunos temían, puesto que fue una violencia fundamentalmente que procedía del terrorismo etarra y, también, del terrorismo fascista durante algún tiempo al principio de la Transición. Pero no vino del terrorismo de Estado o de la intervención del ejército, que era a lo que verdaderamente temía el conjunto social de este país habida cuenta de los enfrentamientos civiles que habíamos padecido.

En aquellas circunstancias, marcadas todas, e instinto una vez más, por un ánimo de reconciliación entre los ganadores y los perdedores –o los hijos de los ganadores y los hijos de los perdedores– de la Guerra Civil, los medios de opinión pública, que durante la última etapa del franquismo habían experimentado una cierta liberalización en según qué aspectos y sectores, es obvio –y se ha dicho hasta la saciedad– que jugaron un papel muy importante. Normalmente, aunque con matices y salvo en el caso del entonces periódico *El Alcázar* –que era el periódico de la reacción–, todos jugaron un papel favorable hacia la instauración de la democracia y a la realización de un debate político que, durante muchos meses, no tuvo lugar en las Cortes. Hay que tener en cuenta que las primeras elecciones democráticas con ciertas garantías son a mediados de 1977. Por lo tanto, hay año y medio desde la muerte de Franco en la que el debate político –y, fundamentalmente, las expresiones de la oposición– tienen lugar en la prensa, porque en ese momento la televisión estaba férreamente controlada por el aparato del Estado y la radio igual, pues no tenía todavía libertad en los informativos. Es decir, la prensa ganó un protagonismo que ya había adquirido en la última etapa del franquismo, convirtiéndose en el lugar habitual de debate político y de discusión. Esto dio una enorme ventaja para el poder de la prensa, pero también generó algunos males o vicios que, probablemente, estamos en este momento pagando. Es la época en la que empieza a denominarse como «caverna» o como «búnker» a los continuistas o a los que quieren, simplemente, la prolongación del régimen del general Franco. Es la época en la que, mientras se discute si el Partido Comunista debe de ser legalizado, los comunistas ya escriben libremente en los periódicos y en los diarios españoles.

Quisiera insistir nuevamente en esta suposición de que no estaba diseñado el cambio, incluso respecto a las dudas que provocaba la propia legalización del Partido Comunista. Parece evidente la duda que provocaba la posibilidad de este hecho, unas dudas probablemente bien fundadas. Hay que tener en cuenta la enorme tensión en que se realiza el referéndum de la Ley para la Reforma Política, con el secuestro del entonces presidente del Consejo de Estado, el señor Oriol, a la que se sumó posteriormente el secuestro del general Villaescusa. La probabilidad de que hubiera servicios del Estado mezclados con los terroristas, por llamarlo de alguna manera, y que estábamos en un montaje enormemente confuso con aquellos dos secuestros, yo creo que tiene que ser todavía investigada seriamente por los historiadores. Pero lo que no cabe duda es que en ese momento muchos dudaban de que el Partido Comunista pudiera ser legalizado, hasta el punto de que, poco después, hubo que tener grandes negociaciones entre Santiago Carrillo y el ministro de Gobernación para la realización de la capilla ardiente de las víctimas de Atocha en el Colegio de Abogados y, luego, para la realización del entierro. Un entierro que, probablemente, convenció a muchos ciudadanos –incluso a muchos de los que se resistían a esa legalización– de la bondad o de la necesidad del hecho. Pero, aun así, la propia legalización más tarde generaría la dimisión de un ministro militar –Gabriel Pita da Veiga–, una crisis formidable entre los militares, una declaración del Consejo Superior del Ejército y un editorial conjunto de casi todos los periódicos. Hasta ese momento el ejército no había sido criticado por la prensa, todavía un año y medio después de la muerte de Franco, precisamente, por el miedo al propio ejército. Y cuando los periódicos nos decidimos a ejercer una mínima crítica –como era decir que el ejército debía de estar en los cuarteles y no opinar, pues no es propio que el Consejo Superior del Ejército emita ningún tipo de nota sobre la legalización o no de un partido por parte del Gobierno–, lo hacemos todos conjuntamente. No nos atrevemos a escribir nuestros diferentes editoriales en cada periódico, sino que nos reunimos casi todos los directores –que estábamos, obviamente, alineados en posiciones editoriales diferentes– para producir un mismo texto tendente a criticar, por primera vez en cuarenta años, a los militares. Yo creo que es desde esta actitud de miedo y de recelo desde la cual actuábamos en los medios de comunicación, con una conciencia de que éramos todavía una de las pocas tribunas en que se hablaba libremente en este país y, a veces, quizás con un tono retórico o épico que nos satisfacía mucho entonces, pero que generó algunos protagonismos y algunas desviaciones del papel de los periódicos que luego hemos pagado.

Termino ya. Solo quería poner de relieve que, al margen de los aspectos del consenso –tan bien explicados por mis predecesores aquí, y que tanto y tantos valoramos–, no hay democracia sin consenso y que el consenso no solo lo marcan las leyes, sino que tiene que haber una especie de consenso social con un marco democrático aceptado por todos respecto a los contenidos y las formas de comportarse. La impresión que yo y otros tenemos es que hay signos de que este consenso social en torno al marco democrático empieza a quebrarse en los últimos años y, más recientemente, en los últimos meses. Empiezan a notarse divisiones que no deberían existir y que van más allá de lo que es la lógica discusión, alternancia y polémica de la vida política. En ese sentido, yo creo que retomar el ejemplo de la Transición como algo vivo, y como algo importante para la ordenación de la convivencia democrática en España, es muy necesario.

Nada más, y muchas gracias.

Miguel Herrero y Rodríguez de Miñón

Gracias, Juan Luis Cebrián. Con esto, levantamos ahora la sesión agradeciendo a todos ustedes la asistencia.

Las técnicas jurídico-políticas de la Transición

Miguel Herrero y Rodríguez de Miñón

El título de la conferencia de esta tarde es un poco severo, «Las técnicas jurídico-políticas de la Transición», conferencia en la que voy a referirme a la serie de cuestiones de técnica jurídica que plantea la elaboración de la Ley para la Reforma Política, cuyo 20 aniversario conmemoramos ahora. Bien es sabido que el derecho público en general, y el derecho constitucional en particular, tienen un contenido político, de la misma manera que el derecho civil de verdad, o el derecho mercantil de verdad, tiene un contenido económico y patrimonial en gran medida. Y tratar de explicar derecho constitucional sin referirse al contenido político sería como tratar una cuestión de derecho de sociedades anónimas sin referirse para nada al conflicto de intereses que late detrás de cualquier problema de derecho mercantil. De manera que no se preocupen ustedes que, a pesar de referirnos a cuestiones de técnica jurídica, vamos a abordar los problemas políticos que hay detrás de dichas técnicas, porque si no serían como un cascarón vacío.

Es importante darse cuenta de que los conflictos políticos –y con ello los conflictos de intereses y de poder– son susceptibles de una expresión y de una refracción jurídica. Los conflictos de poder se transforman en conflictos de interpretación jurídica, y eso es extraordinariamente importante porque, merced a eso, hemos pasado de una situación cuasi salvaje a esa vida bastante civilizada que es el Estado de Derecho. Y por eso creo que es importante subrayar que, en la última fase –al menos en la que yo conocí– del Estado autoritario anterior estaban muy vigentes los principios y las preocupaciones de legalidad propias del Estado de Derecho, precisamente porque se era muy consciente de la carencia de legitimidad democrática válida. Especialmente a partir de la década de los cincuenta se ponía el acento en la importancia de la legalidad, y sería una legalidad carente de legitimidad democrática, pero una legalidad que tenía su propia lógica y la fuerza que dicha lógica le daba. Por eso, a partir de las grandes leyes de los años cincuenta –leyes fundamentalmente administrativas–, aquel Estado se configura con gran preocupación por el respeto a los principios de legalidad y, por eso, la operación de paso del autoritarismo a la democracia se hace prestando gran atención a las cuestiones que el respeto de la legalidad plantea. Es claro que, si en aquel Estado no hubieran estado vigentes –y muy vigentes– dichos principios de legalidad, no hubiera habido la preocupación grande de poder manipularlos para que sirvieran a la finalidad política que se pretendía. Y eso creo que es extraordinariamente importante asumirlo para comprender lo que fue la Transición política española.

Esta mañana ha quedado claro después de la mesa redonda y de la conferencia inaugural del consejero Landelino Lavilla, que desde el primer momento en la opción reforma-ruptura prevaleció el primer término de la alternativa. Y prevaleció porque el régimen anterior no había entrado en crisis. Se había producido una sucesión ordenada de acuerdo con los cánones y normas previstas en las propias Leyes Fundamentales. Además, todos los actores del juego político del momento se daban cuenta de la importancia que para mantener la integración política de la comunidad y del Estado tenía el respeto a la legalidad vigente. Ahora bien, una vez afirmada la primacía de la reforma sobre la ruptura, era preciso saber cuál era el alcance de esa reforma y el ritmo de dicha reforma, no solo para que la reforma fuera aceptable por quienes pretendían una ruptura de la legalidad vigente sino, además, para que dicha reforma fuera funcional a la hora de dotar a España del sistema político plenamente democrático que exigía la altura de los tiempos y de la propia situación de la sociedad española. Y eso nos lleva a examinar, aunque sea brevemente, una serie de proyectos que fueron descartados en aquellos meses y, sobre todo, en los meses posteriores a la muerte de Franco y anteriores al primer gobierno de Suárez.

Aquellos intentos fueron una serie de proyectos que, aun pretendiendo realizar una reforma, hacían una reforma que, por su alcance y por su ritmo, se consideraba insuficiente. Como todo planteamiento político de hondo calado, dichos proyectos tenían también un respaldo intelectual y académico. Concretamente, yo creo que todos los proyectos de reforma que pudiéramos denominar parcial –por no decir aparente– de las Leyes Fundamentales que ven la luz en aquellos meses, tienen como fundamento doctrinal último dos obras especialmente importantes. La primera se trata de una obra que publicó en 1969 el profesor Rodrigo Fernández-Carvajal que se titulaba *La Constitución Española*. En ella hacía un comentario sistemático –el más importante y profundo que se había hecho hasta entonces– de las Leyes Fundamentales. El profesor Fernández-Carvajal concluía que España tenía una Constitución semejante a la de las monarquías centroeuropeas anteriores a la Primera Guerra Mundial, y que aquel sistema era perfectamente viable para la España de nuestra época. En segundo lugar, sobre esas mismas bases, el profesor Jorge de Esteban produjo, junto con otros colaboradores, una gruesa obra titulada *Desarrollo político y Constitución española*, en la que, aceptando ese punto de partida, propugnaba una reforma de las Leyes Fundamentales consistente, principalmente, en la democratización parcial de las Cortes. En dicha obra se propugnaba una modificación de la Ley de Cortes, de acuerdo con la cual habría en torno a un 48 % de procuradores elegidos por sufragio universal, un 35 % designados por sufragio restringido, y un 17 % designados por formas no democráticas. Y este proyecto de reforma –o esbozo de reforma, a mi juicio– es el que late detrás de los proyectos del primer gobierno Arias y, concretamente, de los proyectos que en aquel momento se denominaron «proyectos Fraga». Eran aquellos unos proyectos que consistían, fundamentalmente, en la modificación de la composición de las Cortes para hacer dos cámaras: una de ellas de carácter corporativo y otra parcialmente elegida por sufragio universal.

Se estimaba en la mente de quienes propugnaban ese tipo de reforma que esta constituiría un fermento de democratización e, incluso, había quien decía que, de la misma manera que la Inglaterra de los Hannover evolucionó hacia una plenitud democrática a través de cerca de 200 años de desarrollo de convenciones constitucionales, otro tanto podría propugnarse para la España del siglo XX. Había incluso, a mi juicio, proyectos todavía más restrictivos. Concretamente los que, creo entender, se elaboraron en la Secretaría General del Movimiento durante el primer gobierno de la monarquía e, incluso, durante algunos meses del primer gobierno de Suárez. Aunque lo cierto es que, si algo revelaba que siguieran elaborándose esos proyectos, es la falta de sintonía de algunos órganos de la citada Secretaría General con los proyectos de reforma que abrigaba el ya presidente del Gobierno. Yo, personalmente, recuerdo que, en julio de 1976, el secretario general técnico de la Secretaría General del Movimiento me confesó que se estaba elaborando en la Secretaría General un proyecto de reforma que tenía por finalidad que, en realidad, no cambiara nada. Es claro que este proyecto no fue el que inspiró, en manera alguna, la reforma política del mismo año 1976. Pero creo importante asumir que, antes de la muerte del general Franco, e incluso en los meses posteriores, hubo un sector del régimen que propugnó un tipo de reforma cosmética o de reforma parcial. Un modelo de reforma que, aun aceptando el principio del cambio y aceptando el ingrediente democrático de ese cambio, lo reducía a tales extremos, y lo atemperaba a tales ritmos de desarrollo, que hacía absolutamente inviable para las necesidades de España –y desde luego para la opinión política democrática y para la oposición democrática– que tales proyectos tuvieran viabilidad, fiabilidad y legitimidad.

¿Por qué vieron la luz tales proyectos y por qué tales proyectos se tomaron tan en serio? Se tomaron tan en serio que, incluso cuando en la primavera de 1976 hay un intento de cortar por lo sano y de presentar alguna alternativa al voto popular por los ministros Areilza y Garrigues, según las memorias de este último llevan a un consejo de ministros restringido dichos proyectos que son descalificados porque se considera que no van a tener viabilidad dada la resistencia de las instituciones. Este se trataba de un criterio confirmado por el hecho de que los propios proyectos Fraga –que se habían desarrollado con informes del Consejo Nacional y con intervención de la Comisión Mixta Gobierno-Consejo Nacional, y que eran proyectos tan reducidos como los que acabo de mencionar– terminaron naufragando todos en el propio Consejo Nacional. ¿Por qué es esto posible? Yo creo sinceramente que, esta realidad, nos obliga antes de ir más adelante a trazar un breve esquema de lo que yo entiendo que ha sido la dinámica de la salida del Estado autoritario y de sus posibles alternativas.

En un Estado autoritario como era el español de entonces –y no es el único caso que podría citarse en apoyo de este modelo– me parece evidente que hay una tensión entre el principio monárquico, es decir, entre los poderes que ostenta quien se encuentra en la jefatura del Estado y es portador de una legitimidad distinta, y lo que pudiéramos denominar el principio oligárquico, es decir, el principio de los notables que administran un régimen por definición no democrático. Hay quienes creían –y desde luego yo me encontraba entre estos– que esa tensión era insuperable y que los notables jamás cederían en sus prerrogativas y privilegios ante los proyectos democratizadores que venían de la jefatura del Estado. Y por eso la primera alternativa que se planteaba para salir de una situación así era hacer posible que el titular de la soberanía suprema del Estado, en el caso español el rey, recurriese por encima de los notables, marginando a estos respecto de la auténtica voluntad del pueblo. Era el principio monárquico –instrumentado o armado– del principio plebiscitario para marginar la oposición de los notables que se había manifestado, por ejemplo, en los primeros dictámenes del Consejo Nacional durante ese semestre inicial de la monarquía. Sin embargo, la realidad en España se mostró más complicada, y creo que aquí la utilización de categorías aparentemente abstrusas procedentes de la doctrina es útil, porque los oligarcas del régimen –y conste que utilizo la expresión con sentido puramente descriptivo y sin ningún juicio de valor– no formaban una clase separada de las preocupaciones nacionales, ajenas a la comunidad nacional, ni homogénea entre sí.

Perdón por volver a utilizar categorías un poco llamativas, pero creo que los oligarcas del régimen podían distinguirse en dos clases utilizando términos de Bertrand de Jouvenel: gerontes y estatócratas. Los gerontes son, en terminología de Jouvenel, la vieja guardia del régimen, es decir, los notables del régimen que se sienten portadores de la legitimidad del mismo. Mientras, los estatócratas –también utilizando la terminología de Jouvenel– son aquellos que se encuentran en posiciones de representación, pero en virtud del poder que tienen en el Estado, que era el caso de la mayor parte de los procuradores en Cortes, pues eran procuradores en función del cargo sindical o burocrático que tenían y que contaban con una representación vinculada. Y, precisamente por eso, los estatócratas eran especialmente sensibles a la presión y a la dirección del poder y, en consecuencia, su oposición a los proyectos democratizadores que vinieran del poder podía llegar a cierto punto, pero no más allá. Además de eso, yo quiero resaltar algo que, a juicio de muchos que entonces pensábamos lo contrario, acabó por demostrarse cierto. Tanto los estatócratas como los gerontes, todos esos oligarcas, eran ciudadanos de una misma comunidad nacional –como el resto de los españoles– y tenían en el fondo la misma sensibilidad de la situación y las mismas preocupaciones. Cualquiera que fuera el grado de resistencia –justificado por los intereses de unos y de otros–, todos eran sensibles, en último término, a las necesidades de la comunidad nacional y, a la hora de tomar una opción, tomaron la opción ejemplar de lo que se denominó, tal vez con demasiado dramatismo, su suicidio político. Pero adoptaron la medida del suicidio político porque consideraban que era la medida que la altura de los tiempos exigía.

En consecuencia, aquella oposición que a muchos nos parecía insuperable, entre el principio de la reforma que encarnaba la Corona y el principio de la resistencia que encarnaba la oligarquía, la verdad es que fue superada por la habilidad de quienes servían a la Corona, pero, también, por el patriotismo de quienes se podía pensar que representaban los intereses de la oligarquía. Muy pronto quedó así descartada la vía lenta o vía parcial, ayudado por dos episodios. Primero, cuando el rey –en su función de rey patriota, y también esta es una teoría clásica del inglés Bolingbroke– invoca sus competencias, como hizo ante el Consejo del Reino en marzo de 1976 señalando que, o se iba a la reforma, o se reservaba su potestad de promover esa reforma acudiendo directamente al pueblo. Segundo, cuando posteriormente nombra, como hizo en julio de 1976, un gobierno instrumento en cuya primera declaración programática se afirma el principio de reforma hasta el estable-

cimiento de una plenitud democrática. Desde entonces se sabe
que, de una manera o de otra, lo que el Gobierno pretende es la
devolución de la soberanía al pueblo español y el establecimiento,
en el plazo de un año, de un régimen democrático.
Y entonces se abrieron dos posibilidades técnicas para instru-
mentar esta voluntad política. Dos posibilidades técnicas que, para
bautizarlas de alguna manera, entonces algunos denominamos
como «la fórmula IV República francesa» y «la fórmula V República francesa». Es decir, o recurrir a una asamblea constituyente
o, por el contrario, recurrir a un proceso constituyente de arriba a
abajo sin intervención de una asamblea. Como ustedes saben, la
IV República francesa se inaugura por la muy trabajosa elaboración de una Constitución, la de 1946, por parte de una asamblea
constituyente; mientras que, en 1958, el general De Gaulle hace
redactar a un restringido comité de técnicos presidido por su ministro de Justicia, Michel Debré, una Constitución que se ofrece
a los ciudadanos franceses mediante un referéndum. Ambas fórmulas creo que eran perfectamente posibles. La primera era posible por el juego de las normas fundamentales entonces vigentes,
porque era posible obtener un acuerdo de las Cortes prorreforma
y, después, elaborar la Constitución y celebrar un referéndum nacional. Pero era también posible, utilizando la letra e incluso el
espíritu de la ley, haber invertido los términos y, primero, haber
convocado un referéndum y, después, someter el texto aprobado
por el pueblo a la ratificación de las Cortes. Incluso era posible
haber hecho lo que en su momento se denominó un referéndum
prospectivo, es decir, haber hecho una consulta constituyente al
pueblo que, después, hubiera sido instrumentada por los órganos
representativos y por las Cortes concretamente. También se podía,
simplemente, reformar el artículo 2 de la Ley de Cortes, es decir,
el que establecía el carácter corporativo y orgánico de dicha asamblea, para reformarlo en sentido democratizador mayor o menor

–en este caso, plenamente democratizador–, y haber otorgado a esta asamblea poderes constituyentes. ¿Cuáles eran las ventajas de «la fórmula V República»? A mi juicio, las ventajas eran la rapidez del proceso constituyente, que no era poca dada la urgencia de atender a otras cuestiones –desde el orden público al estado verdaderamente amenazante de la economía de crisis–y hubiera permitido también acotar determinados problemas, de manera que se hubiera llegado a una Constitución en la que no hubiera incidido, por ejemplo, toda la problemática desatada, primero por las preautonomías y, después, por el problema autonómico. Se ha señalado que la Constitución que hubiera salido de este proceso hubiera carecido de legitimidad. Yo me atrevo a disentir de este parecer, porque es lo mismo que la oposición francesa dijo respecto del texto de 1958. La verdad es que cuando un texto constitucional –cualquiera que sea su origen– es plenamente democrático y funciona democráticamente, las fuerzas que no han concurrido a su elaboración llegan a aceptarlo en la medida en que pueden utilizarlo. No hay que pensar que la oposición democrática española –que por cierto era mucho más débil que la francesa– hubiera sido mucho más exigente una vez que hubiera podido utilizar la Constitución aprobada por referéndum, aunque no hubiera participado en su elaboración.

¿Cuáles eran, sin embargo, las ventajas del otro procedimiento, del procedimiento que hemos denominado, no V República de 1958, sino IV República de 1946? Yo creo que lo que los psicólogos llaman proceso de elaboración. Tal vez, determinadas cosas que hoy nos parecen absolutamente normales y que incluso fueron posibles a fines del año 1976, y plenamente realizadas el año 1977 y 1978 con la vigente Constitución, eran muy difíciles de asimilar por la conciencia, sino española, sí al menos de las minorías dirigentes españolas de la época. Muchas cosas que hoy se respiran como el aire y que no se discuten, entonces resultaban extraordinariamente polémicas. Algunas expresiones que después vimos al elaborar el texto constitucional que eran extraordinariamente polémicas –aunque hoy ya no lo son– hubiera sido muy difícil que se aceptaran, insisto, por las minorías dirigentes y por los formadores de opinión, incluso si hubieran sido aprobadas por un referéndum nacional, por abrumador que los resultados de este hubieran podido ser. Sinceramente, creo que la falta de educación política doctrinal de la opinión pública española en aquella época –y de sus minorías dirigentes en muchos casos, cualquiera que pudieran ser sus virtudes de otro tipo– hacían muy difícil que este proceso de asimilación de las categorías de la democracia política fuera todo lo rápido que la fórmula plebiscitaria hubiera exigido que fueran y, por eso, lo que fue posible en Francia, tal vez por esta resistencia psicológica no hubiera sido posible en España.

¿Cuál fue el resultado de esta opción? Permítanme que ahora me refiera, para responder a esta pregunta, a cómo se decanta históricamente la técnica de la Ley para la Reforma Política. Después de la declaración programática del Gobierno en julio de 1976 hay varios proyectos sobre la mesa del Gobierno, pero yo creo –y creo que puedo justificarlo– que, hasta el 23 de agosto de 1976, los proyectos que más se manejaron fueron proyectos fundamentalmente elaborados en el Ministerio de Justicia. Todo en íntimo contacto con la vicepresidencia del Gobierno y, de acuerdo con los cuales, lo que se seguía era la fórmula de elaborar una Constitución completa, aunque reducida, y someterla así a referéndum. Y en este sentido se hicieron textos en el Ministerio de Justicia que, después, sirvieron a los ponentes constitucionales una vez celebradas las elecciones del 77 y reunida la ponencia constitucional. Sin embargo, el 23 de agosto, parece que por iniciativa del entonces presidente de las Cortes, el profesor Fernández-Miranda, aparece un borrador que el presidente Suárez presenta al consejo de ministros –del que solamente estaba ausente don Marcelino Oreja– el día 24 de agosto. El Gobierno hace suyo este proyecto y se empieza a trabajar sobre él en una comisión de varios ministros, de los cuales sinceramente creo que los que más contribuyeron a él no es casualidad que estén aquí presentes. Eran, junto con el titular de Justicia, señor Lavilla, el vicepresidente don Alfonso Osorio y un ministro de especial cualificación política pese a la marginalidad que respecto del asunto tenía su cartera, don Fernando Abril. A mi juicio también cabe destacar a don Aurelio Menéndez, probablemente por sus conocimientos jurídicos y su sensibilidad política más que por ser ministro de Educación. En realidad, esta comisión, de la que a mi juicio fue ponente el Ministerio de Justicia, reelaboró el proyecto que pudiéramos denominar de Fernández-Miranda y Suárez, que el 2 de septiembre pasa de ser la Ley Básica *de* Reforma Política a ser Ley *para* la Reforma Política, con todas las implicaciones que el cambio de preposición tiene.

¿Cuáles son los cambios y las modificaciones que sobre el proyecto de Fernández-Miranda introduce el Gobierno? Debidamente contabilizadas y repasadas las notas, trabajos, estudios e informes que en el Ministerio de Justicia se hicieron durante aquellos verdaderamente trepidantes días que transcurren del 24 de agosto al 10 de septiembre, creo que las innovaciones son capitales. Yo creo que los cambios son de detalle, pero absolutamente sustanciales. En primer lugar, se afirma la soberanía nacional. Se dice en el artículo 2 que «la ley es expresión de la voluntad soberana del pueblo». Aquí hay un cambio muy importante, porque en el proyecto de Fernández-Miranda no se contemplaba para nada la titularidad de la soberanía, lo cual es harto explicable si se atiende al concepto que de la soberanía tenía el señor Fernández-Miranda, expuesto en un conocido libro suyo denominado *Estado y Constitución*. Segundo cambio importante, las Cortes reciben no solo la capacidad de aprobar las leyes –algo que ya tenían desde la Ley Orgánica del Estado de 1966–, sino también la potestad de hacer las leyes, reservándose a la Corona solamente la sanción. A mi juicio, he de confesar que hubiera preferido recuperar la fórmula tradicional, según la cual, la potestad de hacer las leyes residía en las Cortes con el rey, algo que se había afirmado en la Constitución de Cádiz de 1812 y que había estado vigente hasta la de 1876. Es algo que tiene, entre otras ventajas –no la única, pero sí entre otras–, la ventaja de eliminar la duda de si la sanción es un puro acto debido ceremonial o es, nada menos, que una potestad de veto. La verdad es que en el borrador de Fernández-Miranda yo creo que lo que se suponía era una potestad de veto, aunque después, tal como evolucionó dicha ley una vez reafirmado el principio de la soberanía nacional –y desde luego tal y como después ha culminado ese proceso en la Constitución de 1978– indudablemente es un acto debido.

En tercer término, se trató de introducir –y esto es muy importante– la constitucionalización de los derechos fundamentales tal y como se conciben en una democracia occidental, pero esto no fue posible. No fue posible ya que el Gobierno no lo consideró entonces aceptable. Y fue en el trámite de Cortes –y merced a una enmienda de don José Luis Meilán aceptada por la ponencia y defendida así por don Fernando Suárez ante el pleno de las Cortes– como se acepta introducir en la cabecera de la ley la afirmación de que, con respecto a los derechos fundamentales, se impone su respeto a todos los poderes públicos y a todos los órganos del Estado. Esto fue un elemento capital, porque la afirmación de libertad de partidos y libertad sindical que se introdujo unos meses después tenía su fundamento y su dinamismo inicial en esta afirmación introducida en la Ley para la Reforma Política. También es verdad que se propuso –y hubiera sido una buena solución, pero no se aceptó entonces, como no se aceptó después en el trámite constituyente– remitirse a los convenios internacionales de derechos humanos. Es curioso que el gobierno Suárez, que tanto empeño puso en la adhesión de España a los convenios internacionales de derechos fundamentales, tomara dicha posición, pues una vez adherida formaban ya parte de nuestro ordenamiento interno, con su jerarquía superior a la de las leyes –según el artículo 1.5 del Código Civil–. Resulta así curioso que tuviera que darse este largo rodeo pudiendo, simplemente, haberse remitido a lo que ya en virtud de la propia adhesión de España a los mismos era parte de nuestro ordenamiento interno, es decir, los tratados o convenios de derechos humanos de las Naciones Unidas.

En cuarto lugar, se modificó radicalmente la composición del Senado, que en el proyecto Fernández-Miranda se componía de 102 senadores elegidos por las provincias, 50 por las corporaciones profesionales, 40 por las corporaciones culturales, otros 40 designados por el rey y otros 18 designados para cada legislatura por el Gobierno. Aquella composición, verdaderamente barroca de un Senado cuasi corporativo, se sustituyó por un Senado también elegido por sufragio universal. En quinto lugar, el referéndum, que en el proyecto de la Ley básica de Reforma Política era simplemente potestativo en el trámite de reforma constitucional, se hizo en el texto definitivo potestativo para la legislación y preceptivo para la reforma constitucional. Como sexta innovación, la relación entre las cámaras también se matizó, haciendo que predominara, de acuerdo con una fórmula tomada de la Constitución francesa, el criterio del Congreso en caso de conflicto con el Senado. Y, por último, el Consejo del Reino, que era una institución de resabios autoritarios –más por la imagen que por el contenido, dicho sea de paso–, se trasladó del cuerpo de la ley a las disposiciones transitorias, precisamente para subrayar su transitoriedad. Y esto es importante también, porque a parte de la imagen que el Consejo del Reino pudiera tener, había habido toda una tendencia que personificó doctrinalmente don Antonio Carro Martínez, letrado del Consejo de Estado y ministro del régimen anterior, según la cual

España estaba abocada a un neoparlamentarismo protagonizado fundamentalmente, no por las Cortes, pero sí por el Consejo del Reino, ante el que sería responsable, según don Antonio Carro, el Gobierno de la nación. Una tesis de don Antonio Carro que, curiosamente, hace suya e hizo suya don Jorge de Esteban en ese libro hoy bastante olvidado. Y, por supuesto, esa ponencia o esa comisión del Gobierno, y en lo que a ella contribuyera el Ministerio de Justicia, realizó una amplia depuración técnica del proyecto que, insisto, se convierte de una Ley básica de Reforma Política en una Ley para la Reforma Política.

En síntesis, yo creo que de la comparación de ambos textos que he esbozado ante ustedes resulta que de la primera fórmula –de la fórmula que hemos denominado del principio monárquico– se toma o se tomó la iniciativa regia para impulsar el tránsito a la democracia. Era esta una iniciativa regia a la que el propio monarca había apelado ante el Consejo del Reino en marzo de 1976 y que el Consejo Nacional había hecho suya en su informe en dos párrafos verdaderamente muy significativos, el 4.3.b y el 5.5, del informe preceptivo que, de acuerdo al artículo 23 de la Ley Orgánica del Estado, había dado en su momento sobre el proyecto de Ley para la Reforma Política. Y, por último, se tomó –y eso también pasó al texto de la ley– el recurso al pueblo como una posibilidad en manos del rey que funcionara como arma disuasiva de cualquier intento obstaculizador o entorpecedor de la reforma por parte de las instituciones del antiguo régimen. En el artículo quinto del proyecto de Ley para la Reforma Política se dice que el rey podrá someter directamente al pueblo un proyecto de reforma constitucional. Un proyecto de reforma constitucional que, una vez aprobado por el pueblo, si las Cortes no lo instrumentaban, provocaba la disolución automática de estas. No cabe duda de que la introducción en la ley de este principio fue como una llamada de atención, en el sentido de que si la reforma no se instrumentaba por los cauces literales del artículo 10 de la Ley de Sucesión, podía instrumentarse por otros cauces, tal vez no tan literales, pero sí plenamente legales de las propias Leyes Fundamentales. En este sentido cabe apuntar un dato más que no creo que sea muy conocido. Existió una resolución de la presidencia de las Cortes, entonces ostentada por el profesor Fernández-Miranda, de 8 de abril de 1976 que preveía que, cuando una proposición o proyecto de ley no fuese aprobada por los dos tercios que las Leyes Fundamentales requerían para la reforma de las mismas, sino por mayoría simple, funcionara como ley ordinaria. Pues bien, utilizando esta resolución, se pensó –y en este sentido manejó tal criterio interpretativo el Gobierno– que, si la Ley para la Reforma Política no reunía los dos tercios de los votos de los procuradores en la labor titánica de convencimiento y de captación de votos que el Gobierno llevó a cabo, no cabía duda de que iba a reunir la mayoría absoluta. Entonces, su artículo quinto se convertiría en una nueva Ley Fundamental –porque los dos tercios se requerían para la modificación de las Leyes Fundamentales–, pero no para la adopción de una nueva Ley Fundamental. Y, como antes les decía, el artículo 5 de la Ley para la Reforma Política es el que afirmaba esta posibilidad de recurso directo del rey al pueblo, incluso por encima del Consejo Nacional y de las Cortes orgánicas.

Creo, señoras y señores, que con esto he esbozado ante ustedes el panorama, digamos que áspero, porque la técnica jurídica es áspera, y todavía es más áspera cuando simplemente se la rememora a 20 años vista, citando una legislación que ya muchos han olvidado y otros ni siquiera han tenido ocasión de aprender. Pero, sin embargo, verán ustedes que entonces era muy grande la preocupación por la legalidad en todos los estamentos del régimen y, por supuesto, también en aquellos estamentos que propugnaban la democratización plena, pero sin la ruptura del principio de legalidad y que, detrás de cada una de las fórmulas manejadas

–sea la invocación pura y simple del principio monárquico, sea la invocación del poder constituyente del pueblo– lo que latía era una profunda preocupación política y un conflicto de intereses y de posiciones, como es propio de la vida política. El resultado fue un poder constituyente constituido puesto que, en realidad, la Ley para la Reforma Política posibilitó la celebración de unas elecciones plenamente democráticas unos meses después, en junio de 1977, y la reunión de unas Cortes que, de hecho, estuvieron dotadas de poderes constituyentes sin ninguna inhibición, pero a la vez ni esas elecciones fueron constituyentes ni las Cortes tuvieron nunca tales poderes constituyentes de principio, aunque sí de hecho. Y la diferencia que hay entre el hecho y el derecho permitió que grandes y espinosas cuestiones que han envenenado en muchas ocasiones nuestro pasado político, como era el caso de la forma de Estado y de Gobierno –la opción entre monarquía y república–, llegaran a las Cortes en gran medida ya resueltas. E incluso el voto republicano testimonial que el Partido Socialista mantuvo hasta el trámite de comisión, solo serviría como testimonio y como garantía de relegitimación democrática de una institución cuya fuerza normativa de hecho, cuya presencia en el proceso de transformación y cuyo abal por la propia Ley para la Reforma Política, hacía indiscutible.

Muchas gracias.

Mesa Redonda.
La elaboración y tramitación de la
Ley para la Reforma Política

Moderador
Miguel Herrero y Rodríguez de Miñón

Ponentes
Alfonso Osorio
Gonzalo Fernández de la Mora
Fernando Suárez

Miguel Herrero y Rodríguez de Miñón

Señoras y señores, vamos a celebrar ahora la segunda de las mesas redondas que figuran en el programa y que anunciábamos ayer. Una mesa redonda cuyos participantes son quienes, no solo porque representaban una serie de instituciones, sino porque lo hicieron muy en primera persona, protagonizaron la fase formal de elaboración de la Ley para la Reforma Política. Si ayer se estudió el marco político de dicha ley y el contexto político, económico y social en que se produjo, e incluso yo analicé algunos de los elementos que permitieron la elaboración del proyecto gubernamental, hoy vamos a tener ocasión de escuchar a quienes participaron en su tramitación. En primer lugar, a quien desde el Gobierno pilotó el proyecto, el Vicepresidente Alfonso Osorio. A continuación, a quien en el Consejo Nacional protagonizó y fue testigo de gran parte de los procesos de crítica, de apoyo, de comentario y de enmienda de que fue objeto la ley cuando el proyecto se sometió al dictamen –no vinculante pero sí preceptivo– que exigía el artículo 23 de la Ley Orgánica del Estado entonces vigente, don Gonzalo Fernández de la Mora. Por último, a don Fernando Suárez, que en las Cortes fue el ponente principal y representante de la ponencia que trabajó sobre dicho proyecto de ley, tanto en la fase de comisión como en la fase final del pleno.

Antes de iniciar la mesa redonda permítanme que llame la atención de ustedes, y con eso demos un testimonio conjunto de lo que supone la experiencia que entonces vivimos y que ahora no solo conmemoramos, sino que renovamos al discutir algo tan importante desde perspectivas distintas. Y renovamos lo que supone esa experiencia de convivencia, de tolerancia y de construcción en común que es la verdadera raíz y fuste de cualquier sistema político civilizado y, especialmente, de un orden de concurrencia democrática en un momento en que España y su convivencia ha sido hoy criminalmente asaltada en diversos lugares de nuestra común geografía por parte de ETA. Creo que todos, y desde luego los organizadores y participantes en este curso, queremos dejar testimonio de ello aquí y, tal vez, cada uno en su ámbito, la mejor manera de hacer frente a ese asalto criminal es el cumplimiento del deber de cada uno y, en nuestro caso, el deber de discutir académicamente con objetividad, con tolerancia y con respeto a las diversas perspectivas, sabiendo que todo lo que sube se encuentra y, en consecuencia, cada uno aporta su grano a la tarea común recordando lo que fue entonces una pieza clave de la restauración de nuestra convivencia.

Y, sin más, iniciemos la mesa redonda con la intervención de don Alfonso Osorio, entonces vicepresidente del Gobierno e, insisto, uno de los principales pilotos de aquella operación política. Don Alfonso Osorio, tiene la palabra.

Alfonso Osorio

Señor presidente, miembros de la mesa, señores asistentes a este curso sobre la Ley para la Reforma Política. Procuraré ser lo más breve posible dentro del tiempo que se me concede en esta mesa para poder explicar, desde mi punto de vista, todos los problemas que se plantearon alrededor de la Ley de Reforma, luego renombrada como Ley para la Reforma Política.

Quiero empezar afirmando lo siguiente: es frecuente que cuando alguien pronuncia un discurso le aparezca siempre un grupo de personas de distinta índole que se atribuyen el texto de ese discurso, sin darse cuenta de que los discursos son de quien los pronuncia y de quien asume la responsabilidad del mismo. Esto se puede aplicar con toda claridad a la Ley para la Reforma Política, porque creo que la única responsabilidad de esa ley corresponde al Gobierno de la nación, que presidía Adolfo Suárez, y que la hizo suya en los consejos de ministros de los últimos días de agosto de 1976. Recientemente se ha publicado un libro sobre Torcuato Fernández-Miranda, *Lo que el rey me ha pedido*, perdonable en lo que se refiere al amor filial de los autores, pero no en lo que se refiere a los análisis, presuntamente doctorales, en los que parece que todo el proceso de reforma política en España fue obra de una sola persona –dignísima, inteligentísima, brillantísima, e importantísima–, escoltada por un conjunto de pobres personas que no sabían lo que hacían ni tenían la más remota idea de a dónde querían ir. Y quiero afirmar que es difícil hacer una falsificación de la historia tan notable, tan notoria y tan injusta como esa. Explicaré por qué. El que fue presidente de las Cortes y del Consejo del Reino, Torcuato Fernández-Miranda, figura clave y decisiva en todo el proceso político que se produce a partir de la muerte de Franco, declaró el día 13 de diciembre de 1975, publicado por los autores en las páginas 128 y 129 del libro: «¿Y ahora que hay que hacer? No lo sé. Pensar, meditar, estudiar». Los autores eliminan deliberadamente en el texto esta primera parte del escrito, en la cual el auténtico presidente de las Cortes, el auténtico e ilustre profesor Fernández-Miranda, ponía de manifiesto, blanco sobre negro, sus dudas sobre lo que había que hacer. Dudas lógicas y razonables a la muerte de Franco.

Pero, dejando esto, y entrando ya en el contenido de mi intervención, creo que cuando ayer alguno de los ponentes afirmó que la transición política se inició en el momento de la muerte de Luis Carrero, creo que hizo una afirmación inteligente y correcta. El régimen de Franco se había desarrollado económicamente hasta límites insuperables, ocupando el octavo o noveno lugar en el concierto de las naciones; pero no había tenido, sin embargo, el mismo desarrollo político en la línea de lo que eran las democracias occidentales, sino en la línea de sus propios principios de democracia orgánica. La muerte del almirante Carrero cambió sustancialmente la posibilidad de que se profundizase en el desarrollo orgánico de las leyes del régimen de Franco y abrió la puerta hacia una posible, y por muchos deseada, incorporación al sistema político vigente en los países de nuestro entorno. Muchas veces he pensado, y creo que muchos españoles conmigo, en las enigmáticas palabras de Franco horas después de la muerte de Carrero: «no hay mal que por bien no venga». Unas palabras estas que es necesario enlazar con el llamado testamento de Franco –que no son sino unas notas que lee el presidente Arias– y en las cuales Franco hace dos manifestaciones que, a mi juicio, son fundamentales y determinantes de la evolución posterior. La primera de ellas es la de emitir un voto en blanco al príncipe de España, ya en ese momento rey. La segunda, una petición al ejército de que respalde al rey con la misma lealtad y con la misma fuerza que le había respaldado a él durante sus largos años de mandato. Y creo que, en estas dos posiciones, y sobre todo en esta última petición de lealtad del ejército al rey, está la clave de lo que sucede con posterioridad.

Cuando Carlos Arias constituye el primer gobierno de la monarquía, todos sabemos que Fraga traía debajo del brazo un proyecto completo de reforma de las leyes políticas. Era sencillamente una «Constitución otorgada» que era muy difícil de negociar con las fuerzas políticas de la oposición por sus propias características y por sus propios condicionamientos de «Constitución otorgada». La situación límite del Gobierno de Carlos Arias, las discrepancias de criterio entre los miembros del mismo, y el poco deseo de reforma y de transformación del presidente Arias, acabaron por dar lugar al nombramiento de Adolfo Suárez en los primeros días de julio de 1976. Yo creo, y lo sigo afirmando veinte años después, que el nombramiento de Adolfo Suárez, a pesar de todas las críticas que en aquel momento se hicieron al rey, al propio presidente Suárez y a Torcuato Fernández-Miranda –que fue el gran instrumentador de la operación–, creo que dicho nombramiento fue un gran acierto. Es evidente que Adolfo Suárez no era un hombre de gran preparación jurídica ni tenía a sus espaldas títulos académicos o profesionales destacados, pero era un hábil político con un enorme caudal de simpatía y con una fantástica capacidad para recoger las corrientes de opinión que estaban en la calle y en la opinión pública. Nombrado Adolfo Suárez y constituido el gobierno en el plazo de dos días y medio, no tardó incluso en cambiar la opinión de los ministros que habían manifestado su deseo de no continuar a raíz de la declaración que hizo el propio presidente del Gobierno desde su casa, sentado como un presidente europeo, el mismo día de su designación. Cambió su opinión porque no era, ni parecía, un presidente retrógrado. Constituido el Gobierno en el plazo de dos días y medio, se planteó inmediatamente los caminos que tenía que seguir el ejecutivo para poder hacer una reforma política que permitiese establecer en España un régimen democrático y de libertades similar al de los países europeos de nuestro entorno.

El primer problema que se planteó ese gobierno no era tanto cómo debía de redactarse la ley de reforma política, sino cómo se podía conseguir la adhesión de la mayor cantidad posible de españoles, con actividades o presencia política, con el objeto de que aquella ley pudiese ser respaldada. No era, por lo tanto, un problema de cómo debía de estar redactada la ley, sino un problema de cuántas asistencias podía tener esa misma ley. Inmediatamente después de constituido el Gobierno se aprobó en las Cortes, en gran parte por el llamado procedimiento de urgencia elaborado íntegramente –e impuesto íntegramente– por el presidente de las Cortes, y que fue, probablemente, una de las llaves clave para poder abrir todo el proceso de reforma. Me refiero al proceso de reforma por el que se aprueba la Ley de modificación del Código Penal. En su ponencia, Landelino Lavilla nos recordaba que esa modificación del Código Penal –que había tenido que ser retirada de las Cortes meses antes por el gobierno de Carlos Arias ante la hostilidad de los procuradores– fue aprobada rápidamente en los días siguientes al nombramiento de Adolfo Suárez. Concretamente el 14 de julio. En dicha modificación existía un precepto en el cual se establecía que quedaban fuera de la ley aquellos partidos políticos que, sometidos a disciplina internacional, querían implantar un régimen totalitario, alusión clara a los partidos comunistas de obediencia soviética, pero con la interrogante abierta para aquellos partidos comunistas que hubiesen roto esa disciplina. Pero ese mismo día, el mismo día que se aprueba la reforma del Código Penal, Adolfo Suárez recibe a Luis Gómez Llorente, dirigente destacadísimo entonces del Partido Socialista, para tratar de conocer cuál es la opinión de este partido ante los propósitos reformistas que abrigaba el Gobierno. No se esperó a que se aplicase –o, mejor dicho, a que se aprobase– la Ley para la Reforma Política, sino que, inmediatamente después de la toma de posesión, lo primero que hizo el presidente del Gobierno fue tomar ese contacto. Pero, además, al mismo tiempo también se tomaba contacto con el exterior, porque tres días después llegaba a Madrid Maurice Faure, representante del Parlamento Europeo para las relaciones con España. Días después, el propio Faure afirmaba en el mismo Parlamento Europeo: «este gobierno, constituido en lo esencial por hombres honestos y jóvenes, más tecnócratas en algunos casos que políticos, habrá de ser juzgado por sus obras; y la declaración del presidente del Gobierno no solamente es prometedora, sino profundamente alentadora, para todos los europeos que desean la incorporación de España al sistema político de Europa».

Inmediatamente después de ser aprobada la reforma del Código Penal, el primer problema que se nos planteó al gabinete fue la propia declaración programática del Gobierno. Para hacer esa declaración se constituyó una ponencia en la cual estaban los llamados ministros políticos o, si se quiere, los ministros juristas. Era yo mismo junto con Landelino Lavilla, Andrés Reguera, Marcelino Oreja, Ignacio García y Aurelio Menéndez, con la incorporación ocasional, a pesar de no ser jurista, de Rodolfo Martín Villa. Adolfo Suárez presentó un proyecto de declaración programática que era un paso atrás sobre las manifestaciones que él mismo había hecho tan pronto como tomó posesión en el discurso pronunciado desde su casa. En esa declaración se decía literalmente lo siguiente: «es propósito del Gobierno que el próximo gabinete emane de la voluntad popular y sea resultado de un proceso electoral que culmine en la constitución de una cámara representativa elegida por sufragio universal, igual, directo y secreto; y una cámara representativa de los distintos intereses, instituciones y entidades de carácter económico, social, territorial y cultural». Es decir, se presentaba un Congreso de los Diputados elegido por sufragio universal e inorgánico y un Senado de carácter corporativo. Adolfo Suárez nos manifestó que eso era idea del presidente de las Cortes, quien se lo había facilitado en una nota. Pero el Gobierno no aceptó ese planteamiento y en la declaración programática se hicieron manifestaciones completamente diferentes y mucho más abiertas. Así, se señalaba que «el Gobierno expresa claramente su convicción de que la soberanía reside en el pueblo y proclama su propósito de trabajar colegiadamente en la instauración de un sistema político democrático basado en la garantía de los derechos y libertades cívicas, en la igualdad de oportunidades políticas para todos los grupos democráticos y en la aceptación del pluralismo real». También se fijó un programa para celebrar elecciones antes del 30 de junio, para reconocer y garantizar las libertades públicas, para establecer una justicia independiente, para mantener y defender el ejercicio responsable de la libertad de expresión y para permitir la transformación política y la existencia de varias corrientes de opinión. Se manifestó el respeto a la oposición y se propuso que, para conseguir una auténtica reconciliación nacional, nos proponíamos que, en uso del ejercicio del derecho de gracia, se diese una amnistía lo más amplia posible dentro de la legislación establecida en aquel momento.

En aquel instante, durante aquellas discusiones de la declaración programática del Gobierno, lo que este tenía sobre la mesa era elegir los siguientes caminos: si se democratizaba primero y se liberalizaba después, si se liberalizaba primero y se democratizaba después, o si al mismo tiempo se hacían liberalización y democratización. Miguel Herrero se ha preguntado, con gran acierto, el hecho de por qué no se incluyó, ni en la declaración programática, ni luego en la Ley para la Reforma Política, el hecho de admitir la Declaración de Derechos Humanos, que luego fue ratificada por el Gobierno ya avanzado el mes de septiembre. Yo recuerdo que había presentado en el gobierno de Carlos Arias, y entregado tanto al rey como a Adolfo Suárez, un proyecto de disposición en la que convocábamos elecciones generales y hacíamos o convertíamos en Ley Fundamental del Reino la Declaración Universal de Derechos

Humanos. Aquello fue uno de los varios proyectos que se tuvieron sobre la mesa en época de Arias y que después volvieron a plantearse en el momento al que me voy a referir con posterioridad. Al mismo tiempo que el Gobierno hacía la declaración se empezaron a celebrar una serie de conversaciones con los líderes políticos de las distintas posiciones existentes en España. En el seno del régimen con figuras como Gonzalo Fernández de la Mora, Raimundo Fernández-Cuesta, Manolo Valdés Larrañaga, David Pérez Puga o Alejandro Rodríguez de Valcárcel, entre otros. Todos ellos fueron recibidos para explicarles y oír su opinión y así saber de qué manera podíamos hacer la operación de democratización «de la ley a la ley», una frase acertada, correcta e inteligente del que fue presidente de las Cortes y del Consejo del Reino, Torcuato Fernández-Miranda. Pero, al mismo tiempo, también estábamos recibiendo a los líderes de la llamada oposición democrática, desde José María Gil-Robles –absolutamente escéptico y convencido de que era imposible que se pudiese hacer la operación «de la ley a la ley»–, pasando por Joaquín Ruiz-Giménez, que naturalmente había dejado hacía mucho tiempo su posición de ministro de Franco para convertirse en uno de los líderes de la llamada oposición democrática. También, por supuesto, con el profesor Enrique Tierno Galván, con el que me entrevisté yo primero e, inmediatamente después, Adolfo Suárez junto con Raúl Morodo, que además daba la casualidad de que vivía en el mismo edificio que Suárez. Y, ya el 10 de agosto, con Felipe González. Recuerdo que la Ley para la Reforma Política se estudió a finales de agosto y que, ya el 10 de agosto, se produce la primera conversación de Adolfo Suárez con Felipe González para ver cuál es la posición que va a tener el Partido Socialista ante la reforma política.

En el consejo de ministros que se celebró en La Coruña se aprobó una amplia amnistía e, inmediatamente al mismo tiempo, se estaban planteando ya las distintas posibilidades de Ley de Reforma Política, y digo Ley de Reforma Política porque luego explicaré cuándo y por qué aparece la denominación de Ley para la Reforma Política. Las decisiones que tenía que tomar el Gobierno en ese momento eran varias. Lo primero era si retiraba del Consejo Nacional los proyectos de ley elaborados por Manuel Fraga, que habían pasado por la Comisión Mixta Gobierno-Consejo Nacional y que estaban pendientes de dictamen en el Consejo Nacional. La posición unánime del Gobierno era que no se podían retirar esas leyes mientras no hubiera otra alternativa, porque el Gobierno daría la sensación ante la opinión pública de que no tiene un proyecto definido. La segunda decisión a tomar era sobre qué camino seguir para hacer el proceso de reforma y, desde luego, sobre esto estaban puestas sobre la mesa las siguientes soluciones. Por un lado, una solución rápida –y al mismo tiempo de rápida extraordinariamente sencilla– en la que coincidíamos el subsecretario técnico del presidente del Gobierno y yo. Esta se basaba en una simple convocatoria de elecciones y una admisión de la Declaración Universal de los Derechos Humanos como Ley Fundamental del Reino. Por otro lado, las soluciones –en gran medida procedentes de los largos estudios de Miguel Herrero y Rodríguez de Miñón– que consistían en utilizar un procedimiento todavía más rápido y más agresivo, pero al mismo tiempo perfectamente coherente, de convocatoria de un referéndum con el compromiso de redactar un proyecto de Constitución. Este sería elaborado por una comisión regia y nuevamente aprobado después en referéndum, con lo cual nos hubiésemos evitado, es cierto, todo el proceso constitucional que después vino tras las elecciones de 1977.

Pero, al mismo tiempo, pedimos un dictamen a Carlos Ollero. Él nos entregó un largo dictamen en el que, en uno de sus párrafos, se dice exactamente lo siguiente: «Se trata de aprovechar los términos generales de la Constitución vigente para localizar en ella los preceptos que permitan, al margen de la filosofía y principios políticos que los informe, producir la transformación del sistema actual en un régimen democrático, sin más demora que las meramente procesales, y aun éstos concebidos como verificación institucional del cambio y no como despliegue o desarrollo introductivo para que se produzcan. Entendida así la reforma –decía Ollero–, sin dejar de serlo en cuanto a su literalidad formal, es políticamente un cambio o, si se quiere, un cambio para la reforma. La proximidad entre cambio para la reforma y la ruptura pactada que preconiza la oposición democrática hace que las diferencias sean lo suficientemente lábiles como para que pueda ser aceptado el procedimiento a manera de base de una fructífera negociación».

Y quiero señalar e insistir mucho en la redacción de este párrafo, porque este párrafo del informe de Carlos Ollero fue el que sistemáticamente utilizamos desde el Gobierno, al menos el presidente y el vicepresidente –que era yo en aquel momento– para tratar con los líderes de la oposición que no creían en la posibilidad de que se pudiese efectuar el cambio democrático. Este párrafo, precisamente, fue constante y permanentemente utilizado.

Así nos encontramos con los trabajos elaborados en la secretaría general del Ministerio de Justicia y por el propio Ministerio de Justicia, con los trabajos elaborados en la subsecretaría técnica de la presidencia del Gobierno, con el dictamen de Carlos Ollero y, también, con otros dictámenes que nos habían sido aportados. Por ejemplo, contábamos con uno que nos entregó, sin pedírselo, Luis Angulo y otro que nos entregó, sin pedírselo tampoco, Emilio Attard, que luego fue presidente de la comisión constitucional. A mediados de agosto de 1976 Adolfo Suárez, que con acierto no quería marginar al presidente de las Cortes, le entregó todos estos documentos para que le redactase un Proyecto de Ley de Reforma Política. Quiero aclarar, para ser justos, que cuando Adolfo Suárez le facilitó a los miembros del Gobierno el proyecto de ley que le había entregado el presidente de las Cortes, no dijo a ningún miembro que tal proyecto fuese del presidente de las Cortes o que tal redacción fuese del presidente de las Cortes. Es más, el propio presidente de las Cortes –según se ha sabido después– le indicó a Adolfo Suárez: «ahí tienes este proyecto que no tiene padre». Lo cierto es que Adolfo Suárez hizo suyo aquel proyecto, aunque aquel proyecto era la redacción final de una serie de trabajos anteriores. Pero, naturalmente, el consejo de ministros estudió muy a fondo y muy claramente el proyecto que había presentado o que había elaborado el presidente de las Cortes y, tengo que decir, que lo modificó de forma, a mi juicio, sustancial.

El Gobierno modificó el proyecto presentado por Fernández-Miranda de forma sustancial porque, en el artículo primero, el presidente de las Cortes hablaba de que la democracia era la organización política del Estado español, que se basa en la supremacía de la ley y que la ley es la expresión de la voluntad del pueblo español. Naturalmente, nosotros introdujimos una modificación en la cual se decía que la expresión del pueblo español no es solo la voluntad del pueblo español, sino la voluntad «soberana» del pueblo español, cosa muy diferente a los efectos de negociación y discusión con los miembros de la oposición. El segundo punto fundamental de discrepancia era la composición del Senado, pues una vez más volvió a aparecer en la Ley de Reforma Política –que nosotros convertimos en Ley para la Reforma Política utilizando el lenguaje de Carlos Ollero–, un Senado de carácter corporativo en el que se llegaba hasta la circunstancia verdaderamente extraña de que había 18 senadores nombrados por el Gobierno. Entre ellos figurarían quienes hubiesen sido presidentes o vicepresidentes del Gobierno, con lo cual resulta que algunos de los que estamos aquí a lo mejor todavía estábamos en el Senado si esa ley se hubiese perpetuado. Naturalmente, consideramos que era absolutamente ridícula semejante pretensión y se estableció el principio de que fuesen elegidos por sufragio universal y proporcional en el caso del Congreso, y mayoritario en el caso del Senado. Sí se mantuvo, en cambio, la idea de un cupo de senadores de designación real. El proyecto de los senadores nombrados directamente por el rey tenía por objeto que este pudiese llevar al Senado a destacadas personalidades de la vida nacional que nunca iban a jugar políticamente ni optar a un escaño por la vía normal. Es verdad que el rey incluyó en la primera designación a algunos ministros del Gobierno, entre ellos a mí, pero los ministros nos habíamos declarado incompatibles. Recuerdo que Augusto Assía publicó un artículo en el que decía que era la primera vez en la historia en que un gobierno que hace una operación política como esta y convoca unas elecciones no se presenta a las mismas, dejando la posibilidad de que otros diferentes comparezcan a las elecciones. Y por esa razón aparecieron más tarde algunos ministros del Gobierno entre esos senadores. Pero la idea del rey era que grandes personalidades académicas, figuras de las finanzas, intelectuales notorios, personas que pudiesen representar al ejército en cierta medida… todos ellos, pudiesen estar entre esos 41 senadores de designación real. No fue posible, y creo que por una gran miopía por parte de los constituyentes, que esos 41 apareciesen en la Constitución. Creo que la presencia de los 41 senadores independientes nombrados por el rey hubiese sido muy positiva y hubiese aportado mucho en la vida del Senado. Además, diré una cosa. Cuando se discutió en el Senado la Constitución y se planteó el problema de cómo abordar la cuestión autonómica y, concretamente, los problemas relacionados con el País Vasco, los senadores reales propusieron, e incluyo a los tres militares, una fórmula que era aceptada por el Partido Nacionalista Vasco y hubiese supuesto que en las provincias vascongadas se hubiese votado que sí a la Constitución. Y, sin embargo, no se aceptó por las fuerzas políticas la propuesta de los senadores reales, lo cual demostraba que los senadores reales, por encima de las discrepancias políticas, podían ser útiles –o muy útiles– para el establecimiento de la paz y de la concordia. Y debo de terminar aquí. ¿Qué es lo que se pretendía con aquella ley? No hacer una Constitución completa, sino simplemente establecer un instrumento para que se pudiesen celebrar elecciones generales y después se introdujesen en las leyes entonces vigentes las modificaciones adecuadas. No se dijo nunca que las nuevas Cortes iban a ser constituyentes, pero jamás se cerró la puerta a que lo pudiesen ser y, por lo tanto, lo que se hacía era abrir y dar un paso hacia la democracia pero, al mismo tiempo, establecer unos principios de liberalización. Y termino con un comentario. Se ha escrito mucho desde el momento de la reforma política y desde que se constituyó el primer gobierno de Adolfo Suárez sobre cuáles fueron las fuerzas que hicieron posible el cambio o cuáles fueron las fuerzas que hicieron o crearon problemas al cambio. Yo puedo hacer esta afirmación de manera tajante y, además, aseguro que indiscutible. Sin la posición disciplinada del ejército con respecto del rey, sin la forma en que actuó el ejército a lo largo de todo ese proceso, hubiese sido absolutamente imposible la reforma. Pensar que Adolfo Suárez y su gobierno, o Torcuato Fernández-Miranda desde la Presidencia de las Cortes, tenían fuerza personal suficiente como para hacer la operación política de la Transición sin el respaldo del ejército, es ser absolutamente utópicos o mentirosos, y, naturalmente, las cosas son como son y esto lo quiero dejar absolutamente claro. Luego, algo se complicó por la falta de mano izquierda de algunas personas con respecto a esa institución a que me honro en pertenecer. Y nada más. Con esto termino y la Ley para la Reforma Política pasa al dictamen del Consejo Nacional.

Muchas gracias.

Miguel Herrero y Rodríguez de Miñón

Muchas gracias. A continuación, don Gonzalo Fernández de la Mora tiene la palabra.

Gonzalo Fernández de la Mora

Como creo que la programación de este cursillo es extraordinariamente racional e inteligente, quiero limitarme al tema que verdaderamente se me ha dado dentro del programa, para así dar mi testimonio sobre él: la intervención del Consejo Nacional en la reforma constitucional de 1976. No hay que decir que yo, sobre todos los acontecimientos de ese periodo, e incluso posteriores, tengo mi propio punto de vista, y aunque es inevitable que fruto de la improvisación se me deslice algún juicio de valor –los he formulado en detalle en un libro que he escrito sobre ese tema–, hoy quisiera, básicamente, limitarme a los hechos.

Antes de todo quisiera trazar una pequeña introducción con la cual explicar en qué consistía el Consejo Nacional. El Consejo Nacional era una institución que, inicialmente, era exclusivamente de Falange. José Antonio Primo de Rivera, en los estatutos de la Falange, había incluido una serie de órganos, como eran la Junta Política y, entre otros, el Consejo Nacional. Esa institución, que era privada, se convierte en pública con dos decretos, uno del año 1937 y otro –que es una revisión del emitido en el año 1937– del año 1939, en que suprimida Falange Española y creado el Movimiento, el Consejo Nacional se convertía en una institución del Movimiento y, entre sus miembros, entran gentes procedentes de las diversas fuerzas políticas que habían constituido el alzamiento. Posteriormente, en las Leyes Fundamentales se constitucionaliza esta institución, principalmente en la Ley constitutiva de las Cortes de 17 de julio del año 1942, que dedica cinco artículos –es decir, un título– al Consejo Nacional. Más tarde, el artículo 22 de la Ley Orgánica del Estado revisa en parte la Ley de Cortes y deja el Consejo Nacional en su estructura definitiva hasta su disolución.

Según la Ley de Cortes estaba previsto que, cuando a la muerte del Generalísimo se produjera alguna vacante entre los llamados consejeros permanentes –que eran los que se llamaban 40 de Ayete porque solían cubrirse las vacantes cuando estaba de jornada el ministerio en Ayete, en San Sebastián– se renovaran por cooptación entre el resto de consejeros permanentes. A la muerte de Franco se produjeron dos vacantes. La primera que se produjo fue la de don Antonio Iturmendi, querido y admirado amigo mío, ilustre tradicionalista que había sido ministro de Justicia y presidente de las Cortes. Entonces, algunos consejeros permanentes pensaron que la vacante de Antonio Iturmendi debería cubrirse, sino con un tradicionalista, con alguien que al menos fuera afín al pensamiento tradicionalista más que a otros sectores ideológicos que habían constituido el Movimiento Nacional y que estaban integrados en el Consejo Nacional, como Falange. Con arreglo al reglamento, tres consejeros permanentes presentaron mi candidatura para cubrir este puesto por cooptación. Se celebró la votación correspondiente el día 6 de abril de 1976 y yo obtuve 50 votos, frente a 22 y 19 respectivamente de los otros candidatos. Yo fui el primero y el penúltimo de los consejeros nacionales por cooptación. El último fue Adolfo Suárez, pues se produjo otra vacante muy poco después y fue elegido Adolfo Suárez. El hecho de haber sido el penúltimo quizá sea la razón de que yo sea en este momento el único superviviente del Consejo Nacional que participó directamente en todo el proceso del informe del cambio constitucional. El otro sería Adolfo Suárez, que es más joven que yo. Pero, desgraciadamente, al repasar el otro día la lista de los miembros de la sección primera de Leyes Fundamentales del Consejo Nacional llegué a la triste conclusión de que yo era el único superviviente y el único testigo.

¿Cuál era la posibilidad de intervención del Consejo Nacional? Dentro de las Leyes Fundamentales, el Consejo Nacional representaba el lugar de la segunda cámara, pero con una característica especial, pues, aunque el Senado tiene muy poca función y el Consejo Nacional también tenía muy poca función, indirectamente tenía más, porque todos los miembros del Consejo Nacional eran miembros natos de las Cortes y, entonces, sí tenían una actuación, digamos indirecta, pero como tales miembros del Consejo Nacional. El Consejo Nacional tuvo durante toda su existencia una vida simbólica, retórica y no muy decisiva sobre el curso de la política y de la vida nacional.

Cuando Arias constituyó su primer gobierno después de la muerte de Franco –esto yo lo he contado brevemente en mis memorias, pero ahora lo amplio un poco más– a través de una serie de conversaciones me confirmó que el rey le dijo que uno de sus objetivos fundamentales era el de la reforma constitucional. Entonces Arias, que tenía en su gobierno colaboradores que eran constitucionalistas y que eran juristas destacados, muy especialmente Fraga, encargó un proyecto de reforma constitucional a un grupo de sus ministros presididos por Fraga. Es el que yo llamaría el proyecto de reforma Arias, puesto que realmente lo hizo suyo y fue el que lo defendió y trató de sacarlo hasta el final. Este proyecto de reforma Arias era un texto que constaba de 33 artículos, 2 disposiciones adicionales, 3 transitorias y 3 finales. Los puntos esenciales de esa reforma constitucional eran varios. Respecto a las cámaras, habría un Congreso de los Diputados con un mandato de cuatro años, compuesto de 300 diputados elegidos por sufragio universal. Cada provincia elegiría por lo menos 2 y otro más por cada 175 mil habitantes. También contaría con un Senado, que era corporativo con mandato de seis años, es decir, las renovaciones serían secantes, puesto que las Cortes tenían 4 años y el Senado 6. Este era un criterio que procedía del derecho público francés del siglo XIX, y estas dos cámaras tendrían los mismos poderes, es decir, que no había un poder superior de la cámara baja sobre la cámara alta, sino que debatirían por separado los distintos proyectos de ley y luego, si había discrepancia, se reunirían conjuntamente en Cortes Generales y ahí ya se aprobarían de acuerdo con los reglamentos internos, de mayoría simple o de mayoría cualificada en caso de las leyes orgánicas. Se conservaba el Consejo del Reino, que se estructuraba de una manera diferente. Tendría 6 años –o sea, el mismo mandato que tendría el Senado– y, por tanto, tampoco estaría sujeto a los avatares de los cambios del Congreso, puesto que tendría una duración mayor. Ese Consejo del Reino estaría compuesto por 5 senadores y 5 diputados –por lo que sería una reducción a microescala del Congreso y del Senado– y, además, unos miembros natos, que eran: el teniente general más antiguo –o el capitán general si lo hubiera– y los presidentes del Tribunal Supremo, el Consejo de Estado y el Instituto de España, que eran miembros natos, pero, en cierto modo, también electivos, puesto que el presidente del Instituto de España era elegido por las academias. También se creaba el Tribunal de Garantías Constitucionales, el cual sustituía a lo que en las Leyes Fundamentales se había creado como tribunal para resolver los recursos de contrafuero, precisamente en los últimos artículos de la Ley Orgánica del Estado, de la cual yo fui coautor en unión de Laureano López Rodó. Y, además, se creaba el Consejo Económico y Social, que era una ampliación y sustitución del antiguo Consejo de Economía Nacional, aunque en el proyecto Arias se le daba simplemente un carácter consultivo, como luego ha tenido en la Constitución de 1978 y continúa teniéndolo hoy.

Este proyecto iba acompañado de otro segundo proyecto que tenía, yo creo, menos importancia constitucional, pero que era interesante porque aclaraba algunos puntos. Se trataba de un proyecto de reforma de la Ley de Sucesión. El proyecto anterior al que me he referido era una reforma de todas las demás Leyes Fundamentales: la Ley de Cortes, la Ley Orgánica del Estado, los reglamentos afines a estas disposiciones... El proyecto de reforma de la Ley de Sucesión se circunscribía a esa ley y yo creo que era relativamente marginal. Se componía solo de 13 artículos y una disposición final. Lo esencial de la reforma en materia de sucesión era adelantar la mayoría de edad a los 18 años del posible monarca, de su sucesor, y se mantenía la necesidad del juramento de las Leyes Fundamentales que estuvieran en vigor entonces por parte del monarca y por parte del Príncipe de Asturias cuando este llegara a la mayoría de edad. Luego se introducían unas normas que yo creo que, tácitamente, estaban en la tradición, como eran el sistema sucesorio por primogenitura tradicional de la monarquía española, por lo menos, desde la muerte de Fernando VII.

¿Qué ocurrió con estos dos proyectos? Estos dos proyectos –que casi me atrevería a decir que era uno, porque la Ley de Sucesión era un apéndice más o menos anafórico– fueron sometidos al Consejo Nacional a finales de mayo de 1976. Inmediatamente se abrió un plazo para la presentación de enmiendas. La mayor parte fueron presentadas entre los días 22 y 24 de mayo. El plazo llegaba hasta el día 25. A la Ley de Sucesión hubo 14 consejeros que presentaron enmiendas y, en cambio, al proyecto de las restantes Leyes Fundamentales y su revisión se presentaron enmiendas por 36 consejeros. Algunos presentaron decenas de enmiendas. Yo, concretamente, al proyecto de reforma de las Leyes Fundamentales presenté 30 enmiendas que, en realidad, implicaban modificaciones de 36 puntos del proyecto Arias. Recibidas las enmiendas, el Consejo Nacional constituyó una ponencia. Esta ponencia no fue designada por el pleno como establecía el reglamento, sino establecida por el presidente del Consejo Nacional y por el presidente en funciones, que era el ministro Secretario General del Movimiento, es decir, Adolfo Suárez.

En esta ponencia, salvo por la resistencia que yo creo que tenía una cierta tradición y entidad intelectual por parte de Jesús Fueyo –era un «geronte», como diría nuestro querido y admirado amigo Miguel Herrero–, el resto eran personas muy susceptibles de seguir el criterio de quien los nombraba, que era Carlos Arias. Esta ponencia se reunió y emitió un informe que fue rechazado por la sección primera de Leyes Fundamentales. Entonces, se le encargó un informe a una segunda ponencia. El informe primero de la ponencia yo creo que, prácticamente, no tomaba en consideración casi ninguna enmienda y daba por buena la totalidad del proyecto Arias. Eso fue rechazado por la sección y, entonces, se le encargó a la ponencia que elaborara un segundo informe y, efectivamente, con una rapidez verdaderamente notable, la ponencia se puso a trabajar y elaboró su segundo informe. Este se trata de un documento de 36 folios que yo conservo milagrosamente porque, en realidad, he sido poco partidario de conservar documentos que, imagino, están en los archivos. Una vez elaborado, la segunda ponencia elevó su informe de 36 folios a la comisión, o sea, a la sección primera de Leyes Fundamentales el día 25 de junio del año 1976. Esto quiere decir que los dos informes de la ponencia se hicieron entre primeros de junio y el 25 de junio, o sea, en un tiempo yo creo que verdaderamente récord. Yo formaba parte de esta sección primera de Leyes Fundamentales y participé en los debates que se celebraron en el Consejo Nacional, en uno de los salones de comisión –donde, por cierto, yo tenía a mi derecha durante toda la reunión al entonces consejero nacional, el general Campano. La comisión debatió durante tres días: el día 30 de junio, el 1 y el 2 de julio, en sesiones de mañana y tarde. Empezábamos a las 10 y se terminaba a las 7 o las 8 de la tarde. Pues bien, cuando se estaban debatiendo yo creo que los últimos artículos del proyecto de reforma constitucional de Arias, llegó al Consejo Nacional la noticia bomba de que Arias había presentado su dimisión o, en fin, había sido cesado y lo sustituiría Adolfo Suárez. Hay que decir que esto fue una gran sorpresa para la mayoría de los consejeros nacionales que se encontraban allí. Esto era hacia la última hora de la tarde y continuaron los debates, pero yo, en cuanto que llegó esa noticia al Consejo Nacional, llegué a la conclusión de que el proyecto Arias estaba muerto y me marché del Consejo Nacional. Ya no volví a asistir a aquellas dos horas finales en las que todavía hubo algo de debate después de que hubiera llegado la noticia.

¿Por qué no constituyó para mí una gran sorpresa la evolución de los hechos? Pues no constituyó una gran sorpresa porque yo había visitado a Torcuato Fernández-Miranda –esto también lo he contado, aunque muy brevemente, en mis memorias– y le dije que yo venía de ver al rey la víspera y el rey me había hecho un gran elogio de Torcuato Fernández-Miranda. Se habían manejado muchos nombres, pero yo vi que el único que le gustaba era el de Torcuato Fernández-Miranda y, entonces, yo llegué a la conclusión de que el rey tenía el proyecto de sustituir a Arias por Fernández-Miranda. Hizo una opinión bastante crítica de Arias y llegué a esta conclusión. Entonces fui a ver a Torcuato y le comenté que acudía para felicitarle porque tenía la impresión de que iba a ser el presidente del Gobierno. Pero me dijo: «No, no voy a ser presidente del Gobierno», con aquella cosa un poco enfática que tenía él de profesoral. Me dijo: «No es conveniente en este momento. Yo voy a estar en la presidencia de las Cortes y del Consejo del Reino». Y yo le dije: «Bueno, ¿y quién va a ser el del Gobierno?». Yo barajé unos nombres, no acerté con el de Adolfo Suárez desde luego, y me dijo: «No te devanes la cabeza porque no lo podrás averiguar». Y le repliqué: «Bueno, pero dame alguna característica», y me respondió: «Te diré una: hará lo que yo le diga». Hay que decir que en esto se equivocó de una manera notable.

Pero, por entonces, tras aquellas primeras reuniones del Consejo Nacional, yo me marché a veranear convencido de que Arias estaba muerto y llegaba Adolfo Suárez que, aunque luego demostró alguna de las cualidades que Alfonso Osorio ha explicado, yo en aquel momento, como demostró el hecho de que ni Areilza ni Fraga quisieron formar parte de su gobierno, le estimaba un peso ligero de la política. Entonces, cuando llegó aquella noticia, no me sorprendió demasiado y me marché tranquilamente de veraneo. Poco después, yo le pregunté a Arias –a quien me encontré en el Club Siglo XXI en una conferencia– por qué cuando el rey le dijo que quería prescindir de él no apeló a las Leyes Fundamentales. Las Leyes Fundamentales decían que el rey podía destituir al presidente del Gobierno con el informe vinculante del Consejo del Reino y, yo le dije, no creo que el rey consiguiera que el Consejo del Reino le ayudara a su destitución. Y, entonces, Arias me dijo una frase bastante dura que yo reproduje en mi memoria y que voy a leer, porque entonces tomé nota de ella y creo que tenía cierto interés. Me dijo: «Pues mira, decidí marcharme porque estaba harto de jugar al ratón y al gato sobre lo esencial, que era la liquidación del Estado del 18 de julio. Estaba harto del cumplimiento de un pacto entre la Corona y las izquierdas europeas, incluido el dictador rumano Ceaucescu. Cuando comprobé que las Fuerzas Armadas no acababan de aclarar su posición, decidí abandonar». Esta fue la frase que me dijo Carlos Arias y creo que es parecida a lo que explicó a José García Hernández y a dos o tres personas con las que se reunió a almorzar –y que lo han contado– el mismo día en que aceptó la destitución regia y lo convirtió en dimisión aparente.

En cuanto que subió al poder Adolfo Suárez –puesto que yo creo que subió al poder porque el rey consideraba que la reforma Arias-Fraga era insuficiente al conservar ciertas instituciones del antiguo régimen–, yo creo que el objetivo principal del Gobierno, y quizás la razón de su nombramiento, fue la de emprender la reforma constitucional. Esta es la segunda operación en la cual interviene también el Consejo Nacional porque, como la reforma se hizo «de la ley a la ley» –por lo menos formalmente–, había que actuar de acuerdo con el Estado de las Leyes Fundamentales, pues este era un Estado de legalidad, un Estado de Derecho y, en mi opinión, un Estado con legitimidad. No podemos olvidar que el rey, el día de su juramento, dice recibir la legitimidad del Estado del 18 de julio aparte de la legalidad. Pues desde esta realidad, el proceso se hizo de acuerdo con las leyes que en aquel momento estaban en vigor.

Quiero hacer una acotación marginal antes de entrar en el segundo proyecto de reforma, que es como tal la Ley para la Reforma Política, vista desde el Consejo Nacional. Quiero aclarar que el proyecto de reforma Arias no era propiamente una ley otorgada, porque era un proyecto de ley que se somete al Consejo Nacional, desde este iría a las Cortes, y de las Cortes tenía que ir a referéndum, porque esto es lo que exigían las Leyes Fundamentales. Claro que era otorgada en tanto que toda Constitución no la hace el pueblo soberano, sino que la hacen unos expertos, tal y como ocurrió con todas las constituciones españolas. Fue ley otorgada el famoso Estatuto italiano que dio origen en el siglo XIX a las primeras leyes otorgadas. Fue también otorgado nuestro Estatuto Real al ser sencillamente promulgado desde el poder soberano del momento. Pero, en fin, este proyecto Arias pasaba por todas las cámaras representativas y, en último término, tendría que ir a un referéndum.

Pero, frustrado aquel proyecto, entonces es cuando le llega al Consejo Nacional el proyecto de Suárez y Fernández-Miranda. Yo creo que, como ha dicho Alfonso Osorio, el primer papel que hizo suyo Adolfo Suárez era un papel de Torcuato Fernández-Miranda. Yo, charlando con él, le dije una vez que la exposición de motivos era verdaderamente deleznable, y me respondió: «No, eso yo no he metido la mano en ella». Luego he sabido que, también en gran parte, la exposición de motivos era autoría suya, aunque había sufrido una serie de revisiones. Hemos visto ya qué transformaciones sufrió el papel de Torcuato Fernández-Miranda. En el proyecto inicial de Fernández-Miranda había la voluntad de mantener el Senado como cámara orgánica. Y esto no solo es así, sino que yo tengo fotocopias de dos de las cuatro cartas que me entregó Torcuato Fernández-Miranda y que este dirigió al rey durante el proceso constituyente. En esas dos cartas insistía en que la liquidación de la representación orgánica le parecía un error y que él creía que en una de las cámaras debía de mantenerse la representación orgánica.

Yo, que como quizás alguno de ustedes sepa he escrito un libro sobre este tema de la representación orgánica, en ese libro digo cosas que creo que son obvias, pero que de todas maneras cabe recordar brevemente. El primer gran teórico de la democracia orgánica es Althusius, que es un gran jurista alemán del siglo XVII. Después, los que realmente asumen la representación orgánica son los heggelianos, en fin, el liberalismo alemán en el siglo XIX. Uno de los grandes teóricos de la democracia orgánica es Krause y, a través suyo, en España, todos los hombres de la Institución Libre de Enseñanza defienden la representación orgánica. En sus últimos epígonos con don Salvador de Madariaga, este escribe el libro teórico que es el que influye más en Franco, el cual se llama *Anarquía o jerarquía*. Me parece que lo publica el año 1931 en francés, y posteriormente en español, y que Madariaga le entregó un ejemplar a Franco en las reuniones en casa de Natalio Rivas. Esto una vez se lo pregunté a Franco y me lo confirmó. Efectivamente allí coincide con Madariaga y este le dio a Franco un ejemplar de su libro sobre la democracia orgánica que, aseguraba, le impresionó muchísimo. Es decir, que la tesis vulgar y un poco periodística de que la democracia orgánica es una cosa fascista no tiene ninguna presentación. Pensemos que, en Inglaterra, la representación orgánica sigue viva en la Cámara de los Lores.

Pues Torcuato Fernández-Miranda estuvo todo el tiempo con la voluntad de mantener la segunda cámara como cámara orgánica, para que esta representara los intereses y la otra representara las ideologías. Es decir, que una cámara representara a los individuos y la otra a las corporaciones. Eso no se efectúa porque el Gobierno decidió modificar en este punto, que era esencial, el breve proyecto de la Ley básica de la Reforma Política, luego convertida en Ley para la Reforma Política por el gobierno Suárez. Pues bien, este proyecto llegó al Consejo Nacional –como era preceptivo– para su dictamen, y fue sometido a las normas reglamentarias. Se constituyó una ponencia, pero, antes, se había reconstituido la sección primera de las Leyes Fundamentales. Tengo que decir que ya el gobierno Suárez, cuando reconstituyó la sección primera de Leyes Fundamentales, este emitió un informe –que, por cierto, yo conservo– en el cual se da luz verde al proyecto Suárez en todas sus líneas, sin introducir ninguna modificación sustancial. Y así es como llegó el proyecto al pleno y, en el pleno, que se celebró el día 8 de octubre, hubo la intervención de la ponencia. Yo creo que fue Baldomero Palomares el que la defendió y que no hubo nada más que un consejero que pidió la palabra para plantear enmiendas en el pleno del Consejo Nacional, y ese fui yo.

Yo creo que por primera vez en mi vida en un acto público leí el texto, lo cual me ha permitido publicar su texto literal como apéndice a mis memorias. Es un discurso breve en el cual yo enumeraba los puntos en los que me parecía acertado el dictamen de la sección primera, suscribiendo el informe de la ponencia, pero añadía cuatro enmiendas. Esas cuatro enmiendas yo las estuve discutiendo en el pleno con la ponencia ante casi el silencio de los demás consejeros. La ponencia se negó a aceptar esas enmiendas que yo proponía y, en un momento dado –y eso debe de estar en las actas–, solicité que cada una de mis enmiendas se sometiera a una votación del pleno. Entonces, la ponencia llegó a la conclusión de que perdía. En ese momento, suspendieron brevemente la sesión y se reunieron conmigo. Aceptaron ligeramente aguadas las cuatro propuestas de enmienda que yo hacía a la ponencia y que eran las siguientes. La primera, que el Senado tuviera una composición orgánica parecida a la de la reforma Arias-Fraga y casi idéntica a la propuesta por Torcuato Fernández-Miranda en su primera redacción. La segunda, que se determinara la composición del Consejo del Reino. En esto yo insistía y aclaraba una tercera sugerencia que le hacía a la ponencia, porque quedaba indeterminado y la ponencia decía que el rey pudiera hacer en cualquier momento consultas directas, pues la intención de esta operación era un poco hacer una presión sobre las instituciones para dejarle al rey esta posibilidad de carácter presidencialista de, en cualquier momento, poder saltarse a las Cortes, al Consejo del Reino… para convocar al pueblo en referéndum. Yo argumentaba que esto era un gran desgaste para la Corona y que creía que podía hacerlo, pero previo informe vinculante del Consejo del Reino, con lo cual su posición era de menos desgaste. Y, finalmente, yo proponía también –aunque esto no tuvo demasiada importancia– la supresión de la exposición de motivos, que a mí me parecía –y, en fin, yo creo que esto le molestó mucho a Torcuato Fernández-Miranda– bastante poco satisfactoria desde el punto de vista expositivo e impresentable desde el punto de vista literario. Esto último creo que resultó ligeramente ofensivo. Lo cierto es que, de todas mis enmiendas, esta es la única que tuvo al final en consideración el Gobierno, puesto que sometió a las Cortes y luego sometió a referéndum un proyecto sin exposición de motivos. Y en este momento, tras el paso por el Consejo, ya entran en juego las Cortes, que es el tema en el que serán ustedes ilustrados por un protagonista como era Fernando Suárez.

En resumen, el Consejo Nacional, en las dos etapas de reforma constitucional –la del proyecto Arias primero, y la del proyecto Suárez después– no fue un obstáculo, sino que, al contrario, concedió grandes facilidades. El Consejo Nacional actuó con una premura realmente extraordinaria.

Yo fui un poco el responsable de mantener la idea Arias y la idea Fernández-Miranda de una segunda cámara de representación orgánica o corporativa, pero la disposición del Gobierno a que el Senado y el Congreso de los Diputados fueran elegidos por sufragio universal y directo fue total. Por cierto, que en este punto sí hubo un debate. Yo luego esto lo retiré de las enmiendas porque no quería complicar excesivamente la vida, pero hubo un debate que se planteó muy seriamente, como figuro que Fernando Suárez lo expondrá ahora, sobre la forma de escrutinio del sufragio universal, igual y directo inorgánico. Ustedes saben que el tema del escrutinio es de una importancia trascendental. Yo siempre he sido partidario –por razones que no son del caso ahora, aunque he escrito sobre esto bastante– del distrito unipersonal con sufragio mayoritario. Frente al criterio que se adoptó finalmente de nuestra institución, un poco mimética de la italiana, he sido partidario de ir un poco al modelo anglosajón, que por cierto tiene también una cámara orgánica y un proceso electoral diferente. Este punto se debatió en la ponencia y era el que se estaba debatiendo cuando llegó la noticia del cese de Arias y su sustitución por Adolfo Suárez. Así que claro, estoy seguro de que esto no lo ha dicho nadie con un poco de conocimiento de causa, pero pensar que el Consejo Nacional era un obstáculo a la evolución y a la reforma constitucional no tiene ningún sentido ni coincide en absoluto con la verdad, como tampoco las Cortes lo fueron. Es decir, la reforma fue hecha no solo desde la legalidad sino por las propias instituciones del antiguo régimen y por las personas que formaban parte del Estado de las Leyes Fundamentales. No es que el protagonismo solo hubiera sido de los ministros, sino que eran las propias instituciones las que realmente la llevaron a cabo. Que lo llevaron a cabo porque era una decisión del rey esa es otra cuestión, es decir, si realmente influyó una disciplina de las instituciones ante la decisión real. Actuaron, yo creo, con una especial disciplina interna y teniendo en cuenta el testamento de Franco, pero si no hubiera habido la decisión real de decirle a Arias que «esto me parece poco y quiero a un señor que haga una liquidación total de las instituciones anteriores y un planteamiento completamente diferente», pues parece claro que esto no se habría producido.

Y, a raíz de este aspecto, en relación con el interrogante de cuál fue el poder activo que, en mi opinión, decidió todo, es cierto que el motor claro fue la voluntad regia de don Juan Carlos, pero el catalizador de esta decisión fue el ejército. La intervención y actitud del ejército es absolutamente decisiva. El día 6 de septiembre se finaliza el proyecto en el consejo de ministros –el proyecto de Ley para la Reforma Política– y el día 8, en una sesión semiclandestina llevada con gran secreto, Adolfo Suárez reúne a los capitanes generales de las tres armas, a los jefes del Estado Mayor de las tres armas, y a los ministros en una reunión con los militares, en la cual les pide la venia de proceder a la reforma constitucional. Es decir, celebraron una reunión en la cual le dieron la venia con una única reserva de que no se reconociera al Partido Comunista, por eso cuando se reconoció luego el Partido Comunista hubo la dimisión del ministro de Marina y la famosa circular que dirigió entonces el ministro del Ejército, Álvarez Arenas. Pero, inicialmente, le dio el visto bueno. Y, claro, proyecto el día 6, reunión con los militares el día 8, y decisión de enviarlo al Consejo Nacional el día 10. Es decir, si no se hubiera producido esta actuación del ejército, el proyecto no hubiera tenido ninguna viabilidad.

Me he limitado ahora a lo que yo creo que es esquemático y a lo que yo creo que son hechos muy escuetos que explican cuál fue la actitud del Consejo Nacional, el cual quedó automáticamente disuelto *ex lege* cuando fue elegido el Senado. Cuando se convocaron las elecciones de junio del año 1977 automáticamente el Consejo Nacional quedó disuelto. Yo tengo que decir que, en algún momento, la reunión aquella del Consejo Nacional se realizó bajo muy malos auspicios, porque, por primera vez en la historia del Consejo Nacional, creo recordar que el Gobierno no estuvo presente ni con su presidente, que era vicepresidente del Consejo Nacional, ni prácticamente por ninguno de sus ministros. Es más, el presidente Suárez convocó para ese día una reunión del consejo de ministros para justificar la ausencia. En el fondo debe tenerse en cuenta las condiciones de la Ley Orgánica del Estado, que cuando la redactamos Laureano López Rodó y yo decidimos proponer que el Consejo Nacional no tuviera poder vinculante, sino solo asesor consultivo. Pues entonces, el Gobierno dijo: «que digan lo que quieran y lo tendremos en cuenta o no». Ignoraron completamente el dictamen del Consejo Nacional salvo el punto de supresión de la exposición de motivos, y dudo que lo hicieran como consecuencia de mi propuesta. Imagino que lo hicieron porque, realmente, el propio Gobierno consideró que aquella exposición de motivos no era demasiado lúcida.

En aquel discurso mío del 8 de octubre ante el Consejo Nacional, manifesté «que en ausencia por primera vez del Gobierno se reúne hoy, estoy seguro que por última vez», pues efectivamente se reunió por última vez, porque aprobada la ley no fue convocado nunca más por Adolfo Suárez. Y, claro, después ya se celebraron las nuevas elecciones y, automáticamente, quedó disuelto, de manera que aquella fue su última reunión y, en su última reunión, fue en el fondo favorable a la reforma y, sobre todo, a la configuración del Congreso que tuvo entones y que tiene hoy.

Y nada más, muchas gracias.

Miguel Herrero y Rodríguez de Miñón

Muchas gracias. Don Fernando Suárez tiene la palabra.

Fernando Suárez

Muchas gracias. Quiero en primer lugar agradecer a la Caja de Cantabria y a la Universidad Internacional Menéndez Pelayo que me hayan invitado a estar aquí y sé, naturalmente, que la invitación es una iniciativa de mi excelente amigo don Miguel Herrero y Rodríguez de Miñón, a quien extiendo también mi gratitud como es natural. Gratitud no exenta de algún orgullo sano y legítimo, porque yo creo que en este episodio del que estamos hablando estuvimos a la altura de las circunstancias. Por mucho esfuerzo de imaginación que ustedes hagan, por desbordante que sea su imaginación, yo no les creo a ustedes capaces de imaginar que España viviera hoy en un régimen de monarquía, bajo el reinado de don Juan Carlos I de Borbón, con sindicatos verticales, Movimiento único, prohibición de partidos políticos, etcétera. Restaurar una monarquía en el año 1975 es algo verdaderamente sorprendente en la historia contemporánea, pero pretender que la monarquía fuera la pura continuación formal de la sucesión en la jefatura del Estado, con todo lo demás como estaba antes, es, repito, una pretensión absolutamente inviable e indefendible. Yo no conozco a nadie que, a día de hoy, sostenga esa tesis. No que no la haya sostenido en su momento, sino que, a día de hoy, en la Europa contemporánea, sea capaz de imaginar siquiera una España concebida de esa guisa. Pero es que es igualmente inimaginable que antes de la muerte del vencedor de la Guerra Civil, del liberador del riesgo comunista que España sufrió, del creador de la España contemporánea, se pudieran imaginar unas Cortes con partidos políticos –con Dolores Ibarruri o Santiago Carrillo sentados en ellas–, con Comisiones Obreras y UGT sustituyendo al Sindicato Vertical, o con el Partido Nacionalista Vasco reivindicando su patrimonio de antes de la contienda. También eso hubiera sido y fue de hecho absolutamente impensable. De modo que las cosas sucedieron como tenían que suceder, de acuerdo a un pueblo sereno y responsable que respaldó mayoritariamente, sin la menor duda, la evolución del régimen anterior –que fue muy distinto entre 1940 y 1975– y que respaldó también, sin la menor duda, los cambios que inevitablemente comportaba la muerte del Jefe del Estado.

Por eso es muy importante la frase que se ha sugerido aquí –ya la ha recordado don Alfonso Osorio esta mañana– y que incluyó en su testamento el propio Francisco Franco: «Prestad al futuro rey de España el mismo afecto y adhesión que a mí me habéis prestado». Esas pocas palabras eran esenciales en el momento en que el rey patrocinara cambios y reformas, por la bien elemental razón de que ni desde el franquismo más comprometido, ni desde los sectores más antiguos y conservadores del ejército, sería ya posible invocar la lealtad a Franco para negar o regatear con incoherencia absoluta lo que Franco mismo había pedido para el rey. El problema constitucional y jurídico-formal lo han explicado ya muy bien quienes me han antecedido ayer y hoy, es decir, el problema que había que resolver para abrir las puertas del futuro era exactamente este. El régimen anterior tenía un conjunto de Leyes Fundamentales: el Fuero del Trabajo, el Fuero de los Españoles, la Ley de Cortes, la Ley de Referéndum Nacional, la Ley de Sucesión y la Ley Orgánica del Estado, para derogar o modificar las cuales era preciso el siempre posible referéndum de la nación. Pero había un obstáculo añadido con otra de esas leyes, la llamada Ley de Principios Fundamentales del Movimiento Nacional, que contenía una serie de afirmaciones doctrinales básicas que habían sido declaradas permanentes e inalterables por su propia naturaleza. Como entre tales afirmaciones «permanentes e inalterables» figuraba el repudio de los partidos políticos, resultaba que el reconocimiento de los mismos y la convocatoria de elecciones con arreglo a los principios del sufragio universal constituían, a primera vista, una vulneración flagrante del orden constitucional, lo cual hacía inviable cualquier aventura reformista que partiera de la legalidad. Pero, he dicho, a primera vista.

Analizadas las cosas con mayor profundidad era perfectamente posible –si las Cortes lo aprobaban y el pueblo español otorgaba después su referendo– modificarlo todo, incluso los principios «permanentes e inalterables por su propia naturaleza». Las circunstancias quisieron que recayera sobre mí la nada fácil tarea de demostrarlo. Y así lo hice el día 16 de noviembre en la memorable sesión del pleno de las Cortes del régimen de Franco, definitivamente calificadas por Jesús Fueyo como «Cortes destituyentes». Muy pocas semanas después de mi cese en el Ministerio de Trabajo y, perdónenme ustedes que recuerde que en el Ministerio de Trabajo yo tuve la colaboración como director general de la Seguridad Social del magistrado Rafael Martínez Emperador, excelente amigo, hombre de bien y persona intachable que ha sido vilmente asesinado ayer. Digo que, muy pocas semanas después de mi cese –que comportaba entonces la simultánea pérdida del escaño para quien lo tenía por razón de su cargo–, su majestad el rey tuvo a bien nombrarme procurador en Cortes de su libre designación. De acuerdo con la ley en aquel tiempo vigente, el Jefe del Estado tenía la facultad de efectuar directamente 25 designaciones. Y, en el momento del fallecimiento de Franco, existían tres vacantes. El rey hizo uso de sus atribuciones –de las que había heredado del anterior Jefe del Estado– y nombró a José María López de Letona, a Alberto Monreal y a mí mismo, haciéndome un honor por el que, naturalmente, guardo todavía la mayor gratitud. En esa condición de procurador en Cortes de libre designación fui convocado al despacho del presidente de la cámara, don Torcuato Fernández-Miranda, una mañana de octubre del año 1976.

Ya se había producido –como se ha recordado aquí– la renuncia de Arias Navarro, ya se había producido el nombramiento de Adolfo Suárez y ya se había dado la noticia de que el 10 de septiembre se había aprobado un proyecto de Ley para la Reforma Política, que era el propósito esencial del Gobierno que entonces se acababa de inaugurar. La polémica sobre quién es el autor material del proyecto de ley ya se ha debatido aquí. Rodolfo Martín Villa dice en sus memorias que era, sin lugar a dudas, obra del presidente de las Cortes, Torcuato Fernández-Miranda. Yo estoy personalmente convencido de que los trabajos que se habían llevado a cabo en el Ministerio de Justicia, que habían sido puestos a disposición de Torcuato Fernández-Miranda, se sintetizaron o se reelaboraron de alguna forma, pero que fue realmente el propio Fernández-Miranda quien diseñó, desde mi punto de vista, las líneas maestras de aquel proyecto. Inmediatamente después de aprobado ese proyecto fui convocado por Torcuato Fernández-Miranda en una entrevista que, no solo recuerdo con la mayor nitidez, sino que tuve la ocasión –como hago algunas veces– de tomar notas en torno a ella. Fernández-Miranda –con quien yo había mantenido ocasionales pero firmes discrepancias en algunos momentos de nuestras respectivas vidas políticas– gozaba, y él lo sabía, del mayor ascendiente que ningún político español haya ejercido sobre mí. Alumno suyo en Oviedo 25 años antes, conservaba y conservo aún la máxima admiración a su claridad didáctica, su impecable rigor dialéctico, su honestidad personal, su patriotismo ejemplar y su confianza en el pueblo de España. Jugaba con ventaja el presidente de las Cortes, pues sabía bien lo difícil que hubiera resultado para mí negarme a un requerimiento suyo, aunque fuera tan inquietante como el que en aquel momento me hacía. Se trataba de la tramitación ante el pleno de las Cortes del proyecto de Ley para la Reforma Política y la ponencia que se iba a nombrar, deseando que yo formase parte de ella.

Durante el encuentro, Fernández-Miranda evocó brevemente el dramático pasado de España. Me recordó cuánto habíamos hablado en otras ocasiones sobre la monarquía de todos. Aludió a la responsabilidad que nos incumbía en aquellos decisivos momentos y reavivó nuestra antigua ilusión por un futuro pacífico, en convivencia plural y democrática, que diera a nuestros hijos y nietos lo que nunca habían alcanzado con plenitud las generaciones anteriores. Confieso que el encargo me resultaba abrumador, pero pensaba, como él, que merecía la pena. Acepté pues, y hablamos brevemente de los restantes miembros de la ponencia. Parecía formalmente que se trataba de que los escogiéramos de común acuerdo –y tal impresión trataba de darme Fernández-Miranda–, pero no contaría toda la verdad si no dijera que él había pensado muy bien en la distribución del encargo y que mi participación se redujo a expresar mi conformidad más absoluta. Serían los siguientes: Miguel Primo de Rivera por los consejeros nacionales y porque tenía, en todos los sentidos, grandeza de España; Noel Zapico, un claro reformista del mundo sindical; Belén Landáburu, entonces procurador familiar y colaboradora muy directa del propio Fernández-Miranda; y Lorenzo Olarte, presidente del cabildo insular de Gran Canaria y representante de la administración local. Ninguno de nosotros había hecho la Guerra Civil y todos teníamos entre 42 y 44 años, que entre la clase política de entonces no podía considerarse una edad avanzada. Salí de aquel despacho tan contento por la confianza que suponía el encargo, como apesadumbrado por la dificultad del mismo. Y hasta tal punto llegaba mi inquietud que, cuando el presidente del Gobierno Adolfo Suárez me convocó para agradecer mi participación en la ponencia –en la única visita que le hice mientras ocupó su cargo– y me dijo que su majestad el rey me llamaría para darme las gracias, le expuse abiertamente mi criterio de que no implicaran al monarca en los posibles contrastes entre el Gobierno y las Cortes, pues su autoridad debía quedar a salvo de cualquier contratiempo gubernamental.

El proyecto de ley, ya se ha dicho aquí, era muy sencillo. Consistía en la elección por sufragio universal del Congreso de los Diputados y del Senado y en la afirmación de que los derechos humanos y las libertades políticas contenidas en la Declaración Universal obligaban también a los poderes públicos españoles. Ya se ha explicado la intervención del Consejo Nacional. Debo decir –solo como respaldo, que no necesita por supuesto el señor Fernández de la Mora, sino como expresión de mis propias inquietudes de aquel momento– que a mí me sorprendió el informe del Consejo Nacional del Movimiento, porque no había objeciones de verdadero relieve y se aceptaba que estábamos en un proceso de cambio y que, producida la sucesión en la Jefatura del Estado, el orden jurídico se tenía que adaptar a la nueva situación. Una vez publicado el proyecto de ley, el presidente de la comisión de Leyes Fundamentales de las Cortes, don Gregorio López Bravo y de Castro, nos convocó para constituir la ponencia. Antes, Miguel Herrero, por costumbre o por inercia, ha recordado los trabajos en comisión y en el pleno, pero tengo que precisar que gracias al procedimiento de urgencia que había arbitrado Fernández-Miranda en previsión de este tipo de proyectos, se había suprimido el trabajo en comisión, de manera que había un trabajo en ponencia que pasaba directamente al pleno. El presidente de la comisión cumplió formalmente el encargo de convocar a la ponencia, pero la ponencia trabajó estrictamente sola, no en comisión, con la impagable asistencia del letrado Fernando Garrido Falla, a quien no se suele citar en este importante episodio nacional, pero que debe ser reconocido como persona que colaboró decisivamente y que nos dio argumentos sutilísimos desde el punto de vista jurídico para llevar a cabo aquel trabajo. Examinamos las enmiendas y en seguida nos dimos cuenta de que el debate se iba a centrar en dos puntos agudamente polémicos. En primer lugar, la reforma misma, es decir, la esencia de la cuestión. Esto era algo formalmente impugnado por tres enmendantes a la totalidad, que fueron los señores Blas Piñar, José María Fernández de la Vega con Raimundo Fernández-Cuesta, y con un enmendante que, no era de totalidad, pero que enmendaba toda la ley, y que era don Emilio Lamo de Espinosa. Ese era el gran tema: si se aceptaba o no se aceptaba la reforma política. Y el segundo gran tema era, sin duda ninguna, el sistema electoral, que muchos significativos enmendantes deseaban mayoritario en vez de proporcional.

Después de que hicimos nuestro informe, el presidente de las Cortes convocó la sesión plenaria para las cinco de la tarde del martes 16 de noviembre de 1976. La expectación era naturalmente máxima. Les voy a leer unos párrafos del artículo de aquel día de don Francisco Umbral: «Hoy es un día tan importante que casi no parece el día de hoy. Hoy dicen que es el día más importante del año, o sea, el día del pleno de las Cortes. Esta tarde, a las cinco en punto hora taurina, a la que algún comentarista ya le ha encontrado su gracia torera, se abre el pleno histórico para debatir la reforma política. En la corrida política de esta tarde a las cinco, Suárez –naturalmente se refiere a Adolfo– es el Joselito que torea fino y enérgico, sabiendo que más lejos o más cerca le espera su Talavera fatal. Él mismo ha dicho que es un presidente de transición. Esperemos que el toro no le coja en Madrid, porque no es eso lo que dice El Cossío. Hay que acomodar la realidad a los textos sagrados. Fernández-Miranda es en este caso "El lagartijo", que se las sabe todas pero que va a estar de presidente de la corrida, haciendo mucho juego de pañuelos desde el palco y apoyándose en el mantón de manila de la legalidad que tiene los colores nacionales. Fernando Suárez, novillero puntero que cae bien a la afición, es alto como Manolete y curtido como Bahamontes, o sea, un ciclista metido a torero, un azul metido a demócrata, una cosa un poco rara que solo su personalidad grata y eficiente ha podido resolver. Por otro lado, los grandes picadores de la extrema derecha: Fraga, Fernández de la Mora y Martínez Esteruelas, montados en caballos de la cuadra de algún banquero según las víboras rúbricas de la prensa canallesca. Fraga es el que tiene más tipo de picador antiguo, y puede dejar la reforma desriñonada con sus varas. Fernández de la Mora le ha puesto al caballo mucha gualdrapa filosófica. Martínez Esteruelas, que tiene un nombre muy taurino, Cruz, más que picador parece un rehiletero joven o un novillero fino y de derecho. A las cinco en punto, cuando suenen los clarines del miedo, España volverá a ser ese valle prehistórico donde se lucha eternamente con el bisonte y la caverna».

Yo jamás entré en el Palacio de las Cortes con más abrumador sentido de la responsabilidad que aquella tarde. La incógnita sobre la actitud que adoptarían los procuradores, la preocupación por lo que nuestra propia actuación pudiera incidir en ella, y el temor a que la torpeza o la falta de habilidad en la defensa de nuestros convencimientos hicieran fracasar aquella operación a la que no era desmesurado calificar de histórica, me producía una desazón nada frecuente. La prensa, por lo demás, había intensificado la expectación advirtiendo de los riesgos que el proyecto corría. Y en aquellas Cortes, conviene recordarlo para los más jóvenes, se sentaban personalidades como Tomás Allende y García-Baxter, Manuel Arburua, Juan Arespacochaga, Rafael Cabello de Alba, el general Campano, el arzobispo Cantero Cuadrado, el general Díez Alegría, don Gonzalo Fernández de la Mora, don Licinio de la Fuente, don José García Hernández, don Tomás Garicano Goñi, don León Herrera Esteban, el general Barroso y Sánchez-Guerra, el general Castañón de Mena, el general Galera Paniagua, el general Lacalle Larraga, el general Pérez-Viñeta, el general Salvador y Díez-Benjumea, etcétera, etcétera, etcétera.

La presentación del proyecto corrió a cargo de Miguel Primo de Rivera y Urquijo, que planteó el problema en su más exacto alcance. Se intentaba hacer una nueva Constitución basada en la legalidad de la Constitución vigente, hecho desconocido que, como dijo, se producía por primera vez en la historia de España. La dificultad estaba, de una parte, en la obstinación de algunos miembros de la clase política, que tachaban a cualquier solución que se proponía de rupturismo y de traición al pasado. Pero también, de otra parte, en quienes, negando la legalidad entonces vigente, lo que exigían era la ruptura y empezar a hablar. En su discurso, Miguel Primo de Rivera propugnó naturalmente la postura intermedia, que era la de consultar al pueblo español. Resultaba admirable y emocionante oír de labios del duque de Primo de Rivera —nieto de don Miguel, sobrino de José Antonio y consejero nacional por designación de Franco—, que debíamos entrar en el futuro sin renegar de nuestra lealtad al pasado, pero no olvidando que teníamos también una lealtad al presente y al futuro. Subieron a continuación a la tribuna los enmendantes a la totalidad. La actitud de Blas Piñar fue terminante. Utilizó argumentos políticos, morales y jurídicos que, en síntesis, partían de la inalterabilidad de los Principios Fundamentales —entre ellos el de la democracia orgánica— y convertía al proyecto en una violación flagrante del entonces orden constitucional, puesto que sustituía la representación orgánica por el sufragio universal. Habiendo jurado fidelidad a unos principios, aseguraba que no era posible modificarlos en una votación sin gravar la conciencia y sin escándalo, y tal era su argumento moral. En términos estrictamente jurídicos, Piñar sostenía que la ley era nula y, como tal, susceptible de recursos de contrafuero. La indudable brillantez del orador no podía dejar de causar impacto en amplios sectores de aquel auditorio. Después, Fernández de la Vega estuvo más hiriente y menos afortunado. Hizo indirectos reproches a muchos de nosotros, acusó de desviacionismo a los gobernantes de la etapa anterior –incluso desde 1957–, habló de la traición a España, de los seculares egoísmos que la minan, y de la misérrima oposición que, con su resentimiento a cuestas, habría recorrido durante 40 años el camino de las cancillerías europeas denunciando el pecado de la paz y del progreso de España. Criticó agriamente la democracia liberal, declaró a Donoso Cortés el pensador más avanzado de Europa y hasta se atrevió a reclamar del rey una conducta distinta. Era evidente que con su radicalismo nos estaba haciendo un favor.

Al responder a ambos discursos en nombre de la ponencia, yo acepté –como es natural– que el proyecto de ley no concordaba con el ordenamiento constitucional, puesto que se trataba justamente de modificarlo. El problema era explicar que se podía modificar todo, incluso lo «permanente e inalterable por su propia naturaleza». Tengo que decir, porque todas las actuaciones tienen, como es natural, su *retroscena* que dicen los italianos, es decir, lo que está detrás, lo que no se ve. Yo tengo que decir, porque en este tema he sido siempre absolutamente honesto, que me prestó una gran ayuda el catedrático de metafísica de la Universidad de Madrid, y académico de Morales y Políticas, don Ángel González Álvarez. Gracias a su asesoramiento pude entonces decir que no hay ningún metafísico en el mundo decidido a sostener que una ley humana pueda ser inalterable por su propia naturaleza. Es justamente la propia naturaleza del hombre la que exige inexcusablemente la libertad y, consiguientemente, el no sometimiento a leyes positivas inmutables. Y es que el hombre, además de naturaleza, es historia. Solo el hombre es sujeto de historia –cité expresamente a González Álvarez–, pues Dios no la tiene, porque sus actos se miden por la eternidad. El animal tampoco, porque sus actos no proceden de un principio radical de naturaleza libre, la acción del animal puede explicarse fácilmente conociendo la modalidad operativa propia de la especie. La acción del hombre, en cambio, es de suyo imprevisible.

El hombre es compositor y actor del drama de su propia vida y, por eso, no es posible que se haya intentado negar la naturaleza de los hombres sometiéndoles a leyes inalterables por su naturaleza.

Era evidente que el problema de la naturaleza de las leyes no podía depender de los pronunciamientos jurídicos, de manera que por mucho que se declarase en una ley que quedaban suprimidos los montes Pirineos, la realidad demostraría que las decisiones no bastan para alterar la naturaleza de las cosas. Por ello el silogismo era tan convincente como impecable. Si los principios eran inmutables por su propia naturaleza, ninguna ley conseguiría su alteración, pero si el pueblo español decidía introducir modificaciones en ello y lo conseguía con su sola declaración de voluntad, quedaría palmariamente demostrado que su permanencia e inalterabilidad no procedían de su naturaleza. La realidad era otra. La realidad era que cuando se habían declarado permanentes e inalterables por su naturaleza los principios fundamentales del Movimiento Nacional, se había querido decir que, sin alterar las Leyes Fundamentales de que aquellos principios eran síntesis, no era posible alterar los principios mismos. Pero como Franco lo que había querido era no dejar la modificación al arbitrio de la monarquía o del Gobierno, sino a la voluntad del pueblo español previo acuerdo con las Cortes, el poder constituyente que Franco había tenido lo había dejado a su pueblo con un compromiso de que nadie alteraría lo que el pueblo había refrendado con su voto si no era el pueblo mismo. Y así lo había dicho Franco en el año 1967: «en bien del futuro creo necesario que os responsabilicéis en su refrendo recogiendo y reteniendo en vuestras manos la seguridad de vuestro futuro y que para modificarla o alterarla en el porvenir haya que acudir nuevamente a vuestro refrendo. Las leyes contemplan y aseguran el más allá entregando a los españoles las garantías de su porvenir».

Creo que la primera jornada concluyó en términos muy tranquilizadores. Los procuradores en Cortes que estaban deseosos de la reforma vieron claramente el camino de su posibilidad sin traicionar juramento alguno. Pero, al día siguiente por la mañana, se volvía a despertar la mayor inquietud. *El País*, en su titular de aquella mañana, titulaba la expresión «ultimátum al franquismo», mientras el *Diario 16* anunciaba a toda página: «el búnker acorralado». Eran estas unas expresiones que, lejos de facilitar las cosas, podían producir la galvanización de los más reacios con efectos contraproducentes. Por fortuna, la serenidad de la mayoría no se dejó influir por aquellas calificaciones, y la segunda parte del debate se centró en el sistema electoral. En el proyecto del Gobierno se decía: «las elecciones al Congreso se inspirarán en criterios de representación proporcional». Pero tanto el informe del Consejo Nacional, como una docena de significados enmendantes, postulaban un sistema mayoritario para ambas cámaras, con objeto de evitar que el número de opciones políticas resultara excesivo. La ponencia se encontraba entre la espada y la pared, porque la proporcionalidad era uno de los temas que el Gobierno había prometido ya a sus interlocutores de la oposición, pero mantenerla a ultranza arriesgaba el voto favorable de muy amplios sectores de la cámara. Era muy fácil de entender que para el Gobierno aquello suponía un problema. La oposición, tanto la más moderada como la más radical, hacían cuestión de gabinete del sistema proporcional. En cambio, en la cámara de los diputados, la posición de Alianza Popular –que era entonces uno de los grupos, sin duda, más numerosos– y el informe del Consejo Nacional –que tenía importante ascendiente sobre muchos de los procuradores– provocaban y promocionaban el sistema mayoritario.

Esto nos dio una mañana verdaderamente de altísima tensión, con reuniones, contra-reuniones, envíos, mensajes, negociaciones simultáneas al debate mientras en el pleno del hemiciclo se desarrollaba la sesión de las Cortes... Entonces nos reunimos los diputados de Alianza Popular, el Gobierno y nosotros desde la ponencia para buscar una fórmula razonable. La ponencia –a la vista de las dificultades que se veían venir y de acuerdo con el Gobierno– había introducido una frase que decía: «se aplicarán dispositivos correctores para evitar la excesiva fragmentación de la cámara», pero eso no resultó satisfactorio para Cruz Martínez Esteruelas, quien hablaba en nombre de Alianza Popular. Martínez Esteruelas tuvo una actuación extraordinariamente brillante en aquellas Cortes, y empezó por poner como condición que este tema se debatiera aparte, que se discutiera y se votara la enmienda sobre el sistema electoral al margen. Fuera cual fuera el resultado de la enmienda, Alianza Popular aceptaba la reforma. No quería verse comprometida a negar la reforma por razón del sistema proporcional, porque entonces aparecería como enemiga de la reforma y esa no era de ninguna manera la intención de Alianza Popular. En todo caso, y en aquellas aproximaciones durante aquella mañana interminable de cambios y de idas y venidas, finalmente se llegó lo más lejos que se podía llegar. Se flexibilizó la actitud del Gobierno hasta donde se pudo, pero se mantuvo el sistema proporcional con la circunscripción electoral provincial, aunque con un porcentaje mínimo de sufragios para acceder a la cámara. Esto, de algún modo, evitaba los riesgos que veía Alianza Popular –y Cruz Martínez Esteruelas como su portavoz– y era lo más que el Gobierno podía hacer para mantener el sistema. Yo tengo que decir que el Gobierno flexibilizó su postura cuanto pudo, pero fueron los representantes de Alianza Popular los que sacrificaron más para desbloquear la situación. Se estableció el porcentaje mínimo de votos, pero el principio proporcional se mantuvo. El documento que recoge estos acuerdos, con la firma de Martínez Esteruelas, de Licinio de la Fuente, de Labadié Otermín, de Fernández de la Mora, de López Rodó y de Thomas de Carranza, y con mi firma

en nombre de la ponencia y con representación en aquellas negociaciones por parte del Gobierno, obra en mi poder y creo que es
un testimonio terminante del afán de concordia con que la clase
política del anterior régimen abría las puertas del futuro.

El discurso de Landelino Lavilla como ministro de Justicia
concluyó el trascendental debate y se pasó a la votación, que requería 330 votos favorables, es decir, dos tercios de los presentes.
Votaron a favor 425, en contra 59 y se abstuvieron 13. El proyecto de ley –dijo Fernández-Miranda a las 9:35 minutos del 18 de
noviembre de 1976– ha sido aprobado. Torcuato Fernández-Miranda, que había concebido con enorme talento toda aquella compleja operación y que condujo con mano maestra y con habilidad
imponderable el difícil debate; Adolfo Suárez, sin cuya audacia
y sin cuya firmeza nada hubiera resultado posible; su Gobierno,
que actuó con una coordinación admirable; y la inmensa mayoría
de los políticos del régimen anterior –incluso algunos de los que
votaron en contra–, habían escrito, con la generosidad y altura de
miras que había pedido el rey y de la que el rey mismo iba a ser
ejemplo, una de las páginas más limpias y grandiosas de la historia
de España.

Muchas gracias.

Miguel Herrero y Rodríguez de Miñón

Gracias, Fernando Suárez. Y, con esto, finalizamos esta mesa
redonda agradeciendo nuevamente a todos ustedes su asistencia.